Georg Thiel

DIE NATUR DER DINGE

Roman

braumüller

Gefördert von der Stadt Wien Kultur

Bibliografische Information der Deutschen Nationalbibliothek
Die Deutsche Nationalbibliothek verzeichnet diese Publikation in der
Deutschen Nationalbibliografie; detaillierte bibliografische Daten
sind im Internet über http://dnb.d-nb.de abrufbar.

Alle Rechte, insbesondere das Recht der Vervielfältigung und Verbreitung
sowie der Übersetzung, vorbehalten. Kein Teil des Werkes darf in irgend-
einer Form (durch Fotokopie, Mikrofilm oder ein anderes Verfahren) ohne
schriftliche Genehmigung des Verlages reproduziert oder unter Verwendung elektronischer Systeme gespeichert, verarbeitet, vervielfältigt oder
verbreitet werden.

1. Auflage 2020
© 2020 by Braumüller GmbH
Servitengasse 5, A-1090 Wien
www.braumueller.at

Fotomontage Cover: Shutterstock © Ann Mori
Druck: Buch Theiss GmbH, A-9431 St. Stefan im Lavanttal
ISBN 978-3-99200-283-2

Und so strickt jeder an seinem Lebenspullover, der eine macht mehr Herzerln hinein und der andere weniger, mit mehr Luftmaschen oder weniger, und am Ende ist das alles filzig und viel zu eng und hat Löcher, und bis man fertig ist, ist die Vorderseite schon von den Mäusen und Motten angefressen, das Prunkstück ist schon hin, bevor's fertig ist, und der Herrgott sagt dann „paßt!".

Thomas Bernhard

Erste Wahrnehmung

Werfen wir einen Blick auf den Mann, der sich unserer Wahrnehmung nun nicht mehr entzieht. Sein Name ist Heinrich, er steht stark in den Fünfzigern. Zumindest wirkt er so. Zumindest wird er so gerufen.

Der Mann hat sich nie unwohler gefühlt, niemals einer schrecklicheren Feier beigewohnt. Das Ambiente: trist, die Gäste: wie Schatten aus der Unterwelt. Wenn es nach ihm ginge, wäre er weit weg. Überall sonst, nur nicht hier. Was ein Wunsch bleiben muss, weil er Anlass und Mittelpunkt dieses freudlosen Festes ist.

Nicht weit entfernt hat die Schwiegermutter Position bezogen. Sie sitzt im Rollstuhl, was ihrer Gefährlichkeit keinen Abbruch tut. Der Rollstuhl, weiß Heinrich, ist lediglich ein Requisit, um Hilflosigkeit vorzutäuschen. In Wirklichkeit ist sie nicht darauf angewiesen. Würde man behaupten, dass sie den um ihren Hals hängenden einäugigen Fuchs eigenhändig erschlagen hat, würde es geglaubt werden. Aktuell unterhält sie sich mit Blochin, einer unangenehmen Person. Vielleicht liegt es an seinen vorstehenden, rot geränderten Krötenaugen? Ihrer angewiderten Miene nach zu urteilen, dreht sich das

Gespräch um Heinrich. Blochin mustert ihn mit Hohn. Es liegt nicht nur an den Augen.

Heinrichs Frau gesellt sich dazu. Entsetzlich, wie Isolde heute wieder aussieht. Sack und Asche.

Das Krötenauge stellt Fragen, nickt, grinst. Dann geht ein Engel durch den Raum, das Hadesgemurmel erstirbt, und in die plötzliche Stille hinein hört man die Worte: „Er hat ja nicht einmal ein Stück Brot besessen, wie er zu uns gekommen ist! Wie ein Flüchtling!"

„Mehr noch hat sich Mama daran gestoßen, dass er anfangs nicht gesellschaftsfähig war", sekundiert Isolde.

Heinrich verspürt einen Stich. Er muss hier raus. Gleich wird das Krötenauge mit der Ansprache beginnen. Sie wird, daran zweifelt er keinen Augenblick, von brillanter Niedertracht sein, und ihm und dem Abend den Rest geben.

Die Befürchtung ist kaum zu Ende gedacht, da klopft der Redner auch schon gegen sein Glas. Es sei ihm, erklärt er, die schöne Aufgabe zugefallen, ein paar Worte zu diesem erfreulichen Anlass zu sprechen. Wobei er das Wort *erfreulich* durchaus mit Bedacht gewählt habe. Denn wenn er sich so umhöre, komme er nicht umhin, die Biographie des Jubilars als eine Geschichte des Erfolgs zu werten. Eine Erfolgsgeschichte, die umso erstaunlicher sei, wenn man die desolaten Verhältnisse bedenkt, in denen unser lieber Heinrich groß geworden ist! Aber er habe alles tadellos richtig gemacht; sowohl privat als auch beruflich. In eine alteingesessene Familie eingeheiratet. In eine renommierte Firma eingetreten. Dass ihm dort niemals eine wichtige Aufgabe gestellt wurde, sei ihm nicht vorzuwerfen. Wie er eine solche gelöst haben würde, könne man nicht wissen.

Der Jubilar registriert, dass die Summe der Befindlichkeitsstörungen, die sich seiner bemächtigt haben, mittlerweile beträchtlich ist. Übelkeit, ein Zucken, das die linke Gesichtshälfte erfasst hat, Schweißausbruch.

Eben gesellt sich Harndrang hinzu. Es wird nicht mehr lange dauern, bis der Kontrollverlust ein totaler ist.

Das Beste, was ihm in seiner jetzigen Situation widerfahren könnte, wäre eine gnädige Ohnmacht. Es würde die Rede abkürzen.

Und wirklich, ein Gott hat Erbarmen. Heinrich sackt zusammen. In dem Moment, in dem er auf dem Boden aufschlägt, schreckt er aus dem Schlaf.

Zweite Wahrnehmung

Sechs Wochen sind seit dem Traum vergangen, der den Schlaf des Mannes so empfindlich gestört hat. Das war in der Nacht vor dem Vorruhestand. Man kennt hoffnungsvollere Passagen des Übergangs. Der – wie fast alle Übergänge – nicht reibungslos vonstattengegangen ist. Die innerfamiliären Spannungen sind gewachsen. Plötzlich sitzt der Mann die meiste Zeit in seinem Zimmer. Man bekommt ihn nur selten zu Gesicht, aber die bloße Anwesenheit irritiert. Man war gewohnt, dass er acht, neun Stunden des Tages außer Haus verbrachte. Man muss dem Mann Wege in die außerhäusliche Beschäftigung weisen. Es muss etwas geschehen. Dringend. Es fragt sich nur was.

Ansonsten vollzieht sich die Wandlung zum Ruheständler kaum merklich. Heinrich hat die Angewohnheit, die Tage in Anzug und Krawatte zu verbringen, noch nicht abgelegt. Abzüglich der Füße, die in löchrigen Hausschuhen stecken, ist der äußere Eindruck tadellos. Im Lehnstuhl des sogenannten Herrenzimmers, in dem er sich eben mit der Zeitung niedergelassen hat, hat er nicht immer gesessen. Hier war der Platz seines Schwiegervaters. Es hat lange gedauert, bis Herr Gründler den

Stuhl geräumt hat. Der Schwiegervater war zäh. Das muss man in dieser Familie auch sein.

Das Möbel ist verschlissen und unbequem, doch geht es um … was genau, weiß er eigentlich selbst nicht. Um eine Botschaft vielleicht. Eine kaiserliche Botschaft. Zumindest ist es nicht wahrscheinlich, dass sie bei denen, an die sie gerichtet ist, ankommen wird.

Die Zeitungslektüre beginnt Heinrich bei den Konflikten. Mit Waffen ausgetragene, schwelende, drohende; die beigelegten werden nur mehr überflogen. Immer in dieser Reihenfolge, das hat er lange so gehalten. Es hat mit seinem ehemaligen Beruf zu tun. Es passt auch zu seinem Privatleben; abzüglich der mit Waffen ausgetragenen und der beigelegten.

Danach widmet sich Heinrich den Ressorts Innenpolitik und Wirtschaft. Zuletzt das Feuilleton, niemals Sport. Sport ist etwas für Plebejer, hatte der Alte gesagt. Den Alten wird er auch nicht mehr los. Die Seite mit dem Sudoku, das er gerne lösen würde, ist immer herausgerissen, wenn ihm die Zeitung ausgehändigt wird. Sie ist dann schon durch die Hände von Schwiegermutter und Frau gegangen und weist Frühstücksspuren auf. Quittengelee von der Schwiegermutter, grauer Hildegard-von-Bingen-Brei von der Frau. Früher gab es auch noch die Fettflecken vom Schwiegervater, doch wird seit seinem Tod kein Frühstücksspeck mehr zubereitet. Eine Verbesserung, wenn man so will.

An manchen Tagen wünscht sich Heinrich, dass als Nächstes das Quittengelee verschwindet, an anderen der Brei. Die Bilanz der Verwünschungen ist ziemlich ausgewogen. Im Innersten zweifelt er daran, es zu erleben. Nicht einmal die Quitten, denkt er, wenn er düster gestimmt ist. Über solchen Überlegungen sind die Blätter wieder in ihre richtige Reihenfolge gebracht, ein erster Überblick gewonnen. Die Morgenlektüre, und mit ihr der erfüllteste Teil des Tages, kann beginnen.

Leider sind Störungen häufig. Heute schon beim ersten Absatz des ersten Artikels. Es wäre um die Offensive der Mauretanier in Subsahara gegangen. Auch sie ist stecken geblieben.

Heinrich lässt die Zeitung sinken, als er seinen Namen hört. Es würde den Konflikt nur vertiefen, wenn er nicht reagierte. Das Aufstehen gerät zu keinem Akt der Levitation. Heinrich schlurft zwei Zimmer weiter. Das ist neu. In der Rolle als Pensionär macht er Fortschritte.

Die Störungsgründe sind immer lächerlicher Natur. Diesmal ist es ein Braunton, der dringend benötigt wird. Kein Haarfärbemittel, das hätte im Fall Isoldes die Tönung ranziger Butter. Es geht um Jod- oder Tundra- oder Sudanbraun. Er wird es, kaum, dass es ausgesprochen ist, schon wieder vergessen haben. Das Braun ist nur in einem sogenannten Künstlerbedarfsgeschäft erhältlich, das am anderen Ende der Stadt liegt. Er wird gebraucht, er ist der Einzige, der einen Führerschein hat. Einer der Gründe, warum ihn diese Familie noch nicht umgebracht hat. Vorläufig.

Dritte Wahrnehmung

Ehe sie aufgebrochen sind, hat sich Isolde mit einem Eau de Toilette eingesprüht. Es ist das ihrer Mutter. Ein seifiges Altweiberwasser, wie ausgerauchter Lavendel, Heinrich hasst den Geruch. Als ob man ihr die Jahre nicht deutlich genug ansehen würde. Es ist im Auto kaum auszuhalten, aber auf die „Luftzug!"-Tiraden, die er mit dem Öffnen des Fensters auslösen würde, kann er verzichten. Heinrich atmet flach durch den Mund. Isolde blickt starr geradeaus. Am Rückspiegel baumelt ein kleiner Fez.

Die Fahrt verläuft, abgesehen von einer zu seinen Ungunsten ausgegangen Diskussion, auf welchem Parkplatz das Auto abgestellt werden soll, schweigend. Es ist ja schon alles gesagt. Er wird die Wagentür heftiger zuschlagen, als eigentlich nötig.

Im Künstlerbedarfsmarkt entspannt sich Isolde sichtlich; ihre Bewegungen wirken nun weniger hölzern. Heinrich, der den Einkaufskorb hinter ihr herträgt, ergeht sich in düsteren Überlegungen. Zwei Stunden wird ihn der Erwerb dieser Farbtube kosten, zwei Stunden mindestens, und da sind An- und Abfahrt noch nicht einmal eingerechnet. Sie bleibt ja überall stehen.

Auf der ganzen Welt gibt es niemanden, der so ausdauernd auf Spachteln, Pinsel und Leinwände starren kann wie sie. Und natürlich erblickt Isolde bei den Keilrahmen dann auch noch eine Bekannte. Augenscheinlich eine Frau, der vom Arzt künstlerische Betätigung als Mittel gegen ihre Depression verschrieben wurde. Vielleicht hätte man es erst einmal mit Psychopharmaka versuchen sollen ...

Bei Isolde ist es ähnlich verlaufen. Nur, dass es bei ihr Eigentherapie war. Sie ist Anfang, Mitte vierzig gewesen, als sie sich in die Malerei gestürzt hat. Ein Versuch, dem Gefühl der Langeweile und der Lebensleere zu begegnen. Klassisch. Andere fangen an, zu reiten. Viele ihrer Bekannten haben es so gehalten. Sie musste dann natürlich auch. Einen verregneten Oktober und einen trüben November lang hat er sie jedes Wochenende zu diesem elenden Reiterhof chauffieren müssen. Während der Lektion ist er dann durch aufgeweichte Wiesen voller Pferdedung gewatet, damit ihm ihr Anblick hoch zu Ross erspart blieb. Ganz war es ohnehin nicht zu vermeiden. Es hat, groß und knochig, wie sie nun einmal ist, starke Anklänge an den Apokalyptischen Reiter gehabt.

Von den Pferden, sagte sie, fühle sie sich angenommen. Das seien Tiere, die etwas von Seele verstünden, viel mehr als jeder Mann. Er hat das Gerede nicht weiter beachtet. Sie war schon vor den Pferden immer wieder in Esoterik-Mumpitz abgedriftet, allerdings nie für lange. Und als bald darauf eine unter dem Einfluss von Pillen und Alkohol stehende Mitreiterin abgeworfen wurde und sich dabei krachend das Genick brach, hatte es mit diesem Seelentier-Unfug schnell ein Ende.

Nach den Pferden kam die Malerei. Die Anfänge waren unauffällig, ein Wochenendkurs für Hinterglasmalerei, wenn er sich recht erinnert. Zu Hause fabrizierte sie einige Heilige, die nicht klar zu identifizieren waren. Dann wurde es manisch. In immer kürzeren Abständen belegte sie Seminare für Bauern-, Porzellan-, Acrylmalerei. Stillleben, Alte Meister und von diesen ging es ziemlich unnachvollziehbar ins Abstrakte. Und wer hat sie immer hinbringen und wieder abholen müssen? Er natürlich. Ebenso natürlich waren diese Veranstaltungen immer an Orten mitten im Nirgendwo. Sie ist ja an sich geizig.

Soweit er es überblicken konnte, wurden die Kurse ausschließlich von Frauen gebucht. Die meisten reisten selbst an. Bei denen, die von ihren Männern gefahren wurden, hatte er immer den Eindruck, es seien genauso hoffnungslose Paare wie Isolde und er. Dem wohnte ein eigentümlich tröstliches Element inne. Einer dieser Männer hat ihm am Rückweg zum Parkplatz anvertraut, er bete, dass die Seine hier von den Wölfen gerissen werde. Aber das werde es nicht spielen, hat der Mann, schon halb im Auto noch gesagt, sie sei selbst dem Teufel zu schlecht. Das hat Heinrich beeindruckt. Dass jemand das ausspricht, was er selbst sich nur dachte.

Im Abstrakten blieb Isolde lange hängen. Ins Abstrakte hat sie sich regelrecht verbissen. Er selbst konnte in keiner Richtung, in der sie sich betätigte, auch nur einen Funken von Talent feststellen.

Vor einiger Zeit hat sie mit etwas begonnen, das sich Aurenmalerei nennt. Nun ist sie angekommen. Die Aurenbilder, sagt sie, spiegeln ihr Innerstes.

Das Œuvre ist inzwischen beträchtlich, es füllt das ganze Haus. Und das ist ziemlich groß. Unnötig zu erwähnen, dass die Bilder scheußlich sind. Sie wirken darüber hinaus wie negativ bestrahlt, ziehen das Leben aus einem hinaus. Kein Wunder, falls er eines Tages wahnsinnig wird.

Jetzt unterhalten sich die beiden Schnepfen immer noch. Und er steht da wie ein wartender Dienstbote mit seinem Korb. Hat ihn Isolde dieser Bekannten eigentlich vorgestellt? Er hat nicht aufgepasst. Vermutlich nicht, wozu denn auch einen Dienstboten vorstellen? Nicht, dass er auch nur die oberflächlichste Bekanntschaft mit dieser Person wünscht. Ein malender Unglücksmensch reicht. Doch es gibt Regeln des Anstands. Und wenn die gebrochen werden, muss man Zeichen setzen, Zeichen, die verstanden werden.

„Ich gehe ins Café", sagt er und dreht sich um. Den Korb lässt er auf dem Boden stehen.

Es wäre normal gewesen, ins Café zu kommen, wenn man etwas gewollt hätte. Jede andere hätte es so gehalten. Nicht so Isolde. Die Melange ist kaum serviert, als sie etwas Neues aus dem Arsenal ihrer Bösartigkeit holt. Lautsprecher knacken, dann wird ein Herr Függe *dringend* gebeten, in die Rahmenabteilung zu kommen, wo seine Frau auf ihn warte. Natürlich verbrennt er sich zusammenzuckend die Lippen und benimmt sich entsprechend auffällig, zum Amusement der umliegenden

Tische. Und ebenso natürlich springt er nicht sofort auf, weil sich die übrigen Gäste umsehen, ob Herr Függe nicht unter ihnen ist, und wenn ja, wie er wohl aussieht. Er trinkt den Kaffee so schnell wie möglich und also viel zu heiß und ruft „Zahlen!"

Der Kellner lässt sich ewig nicht blicken, und er ist währenddessen voll Sorge, dass es zu einer Folgeausrufung kommen könnte, diesmal mit Isolde am Mikrofon. Nimmt sie überhaupt noch ihre Medikamente? Oder hat sie sich wieder einmal für gesund erklärt? Er weiß es nicht. Er darf gar nicht daran denken.

Isolde wartet an genau der Stelle, wo er sie zuletzt gesehen hat. Im dramatischen Wurzeln ist sie Meisterin. Der auf Heinrich ruhende Blick ist die Gründler'sche Variante des Blicks der Medusa. Eigentlich rührt er mehr von der mütterlichen Linie her, deren Name ihm sicher gleich wieder einfallen wird. Und während er noch überlegt, führt Isolde mit tragender Stimme über sein Verhalten Klage. Zuerst nicht grüßen! Und dann einfach verschwinden! Ohne ein Wort zu sagen! Das sehe ihm ähnlich! Wie ihre Mutter immer sage …

„Manieren wie ein Bierkutscher", ergänzt Heinrich resigniert. Sonst sagt er nichts. Es ist sinnlos mit Gorgonen zu streiten.

Vierte Wahrnehmung

Was ihre Mutter sagt, denkt und will, ist auf der Rückfahrt, die aufgrund von Verkehrsbehinderungen noch länger dauert als die Hinfahrt, das beherrschende Thema: Es gibt Neuigkeiten. Sie sind schlecht. Mama hat beim Frühstück gemeint, sie fühle sich so beweglich wie schon lange nicht. Der in Erwägung gezogene Kuraufenthalt werde Erwägung bleiben. Gleichwohl müsse man sich für alle Eventualitäten wappnen, weshalb sie sich zum Einbau eines Treppenliftes entschlossen habe.

Nicht zuletzt wegen der Hunde, die dann nicht mehr in den Garten getragen werden müssten. Auf Heinrich sei in dieser Hinsicht ja kein Verlass, er lasse Cupido und Psyche immer die Treppen laufen, wenn er sich unbeobachtet fühle. Obwohl er genau wisse, dass Dackel zu Lähmungserscheinungen neigen, wenn man sie Stufen steigen lasse.

Darauf gibt es nichts zu erwidern. Die Vorwürfe treffen zu. Er mag keine Hunde. Weder ihren Geruch noch ihr Bellen noch ihre Angewohnheit sich im Alter mit gelähmten Hinterläufen auf dem Teppich zu entleeren.

Ein Treppenlift also. Die Montage wird nicht ohne Schmutz und Lärmentwicklung vonstattengehen. Ganz zu schweigen von den Kosten.

Viel schwerer wiegt freilich der Mobilitätsgewinn der Schwiegermutter. Seit ihrem Sturz vor drei Jahren ist der zu ihrer Wohnung führende Aufgang eine Art natürliche Barrikade. Heinrich findet, dass in der Hüftfraktur eine göttliche Gnade lag, denn allein hat sie den Abstieg danach kaum noch gewagt. Wenn sie etwas will, pflegt sie seither mit dem Stock auf den Boden zu klopfen. Wird ihrer Ansicht nach nicht schnell genug reagiert, schlägt sie gegen die Heizungsrohre. Das ist zwar lästig, aber immer noch besser als ihr bis dahin praktiziertes, unangemeldetes Auftauchen. Es wird wieder in diese Richtung gehen. Es ist …

Hinter ihm hupen Autos. „Es ist grün! Wieso fährst du denn nicht?! Ja, so fahr doch schon! Also wirklich!"

Heinrich fährt.

Der Kübel an Verdrießlichkeiten ist noch nicht vollends ausgeleert. Um den Treppenlift montieren zu können, wird man nicht umhinkommen, den Wandschmuck zu entfernen. Neben Zeugnissen von Isoldes bildendem Unvermögen besteht dieser aus Jagdtrophäen des Schwiegervaters. Heinrichs Frage, wo all die Spießer, Gabler, Sechs-, Acht- und sonstige Ender hinkommen werden, bleibt unbeantwortet. Das verheißt nichts Gutes für sein Zimmer. Wiewohl er sich zwischen all den Krickln, Geweihen und Präparaten nicht einmal schlecht machen würde. Denn in gewisser Hinsicht ist auch er bereits tot.

Tags darauf ist er von Schwiegermutter und Frau zum Frühstück vorgeladen. Kurz überlegt er, sich mit Unwohlsein zu entschuldigen, lässt es aber bleiben. Vielleicht ist sein Refugium ja doch noch zu retten.

Als er die Etage der Schwiegermutter betritt, beginnen die Hunde zu knurren. Die Frühstückstafel ist frugal, es gibt nichts, was Heinrichs Gaumen locken würde. An seinem Platz steht eine Schale mit Hildegard-von-Bingen-Brei, in den er etwas Quittengelee rührt. Gegessen wird schweigend. Dann ergreift die Schwiegermutter das Wort. Heinrich wisse ja, dass Unannehmlichkeiten ins Haus stünden, bauliche Maßnahmen, an denen er nicht ganz unschuldig sei, nein, er solle nicht widersprechen. Die Handwerker seien bereits bestellt. Das Letzte, was man beim Umbau brauche, sei ein jammernder, im Weg herumstehender Mann. Das gehe nicht an, also werde Heinrich für ein paar Tage verreisen. Man wisse auch schon wohin. Es habe sich eine ausgezeichnete Möglichkeit aufgetan: Heinrich kenne doch die Akademie, in der Isolde all die wunderbaren Kurse belegt habe? Nun, mit der gestrigen Post sei ein Gutschein für einen Gratiskurs gekommen. Den sie, nach Rücksprache mit ihr, Heinrich zur Verfügung stelle. Was er dazu sage?

Er male nicht, sagt Heinrich.

Das sei bekannt. Doch gebe es eine Fülle von Angeboten, von Möbelrestaurierung über Herrgottschnitzen bis hin zur Portraitphotographie. Es werde sich etwas finden.

„Ich ...", sagt Heinrich.

„Du brauchst dich nicht zu bedanken." Die Schwiegermutter streckt ihm die knochige, immer etwas klebrige Hand zum Kuss entgegen. Es schmerzt; sie trägt den Ring mit dem schartigen Stein, den sie gegen die Lippen des Schwiegersohnes presst. Die Audienz ist beendet.

Zum Abschied wird ihm die Zeitung ausgehändigt. Sie ist dicker als sonst, da ihr der Veranstaltungskatalog beigelegt ist. Heinrich verbeugt sich, ehe er geht.

Sein Zimmer ist an diesem Morgen nicht zur Sprache gekommen.

Fünfte Wahrnehmung

Der Raum liegt zur ebenen Erde und ist vollkommen überdimensioniert. Zwei Damen sitzen darin. Ein Herr, der draußen vor der Tür Dummheiten in sein Telefon säuselt, wird noch kommen. Es verspricht ein geschlechtlich ausgewogener Kurs zu werden.

Innerhalb der Gruppe scheinen Übertretungen gegen das sechste Gebot so gut wie ausgeschlossen. Der Herr, ein kahler, Testosteron schwitzender Mann Ende dreißig, ist, seinem infantilen Gemurmel nach zu schließen, gut versorgt.

Heinrichs Gefährdung wäre ohnehin gering. Bekanntlich lassen die Kräfte der Venus mit den Jahren nach. Beim einen stärker, beim anderen schwächer, bei Heinrich eher stärker. Hinzu kommt, dass die ältere der beiden Damen alt ist. Die jüngere erinnert Heinrich vom Typus her an Isolde. Bei all der Verbitterung, die ihr Gesicht spiegelt, wäre sie im parallel stattfindenden Aquarellkurs vielleicht besser aufgehoben. Aber unterm Strich ist es vermutlich egal, ob man der Depression mit Malen, Schreiben oder dem Kneten von Ton begegnet.

Er stellt sich den Damen vor. Zuerst der Älteren, die in der ersten Reihe, unmittelbar vor dem Tisch des

Kursleiters, Platz genommen hat. Sie trägt ein Dirndl, ihre Haare sind zum Dutt hochgesteckt, die Physiognomie wirkt heiter. Den Händen ist anzusehen, dass sie gearbeitet hat. Der klassische Großmuttertypus ländlicher Prägung.

Die Verbitterte ist, als Heinrich sich ihr nähert, gerade im Begriff, den Platz zu wechseln. Sie sei, erklärt sie, unschlüssig, wo sie sich hinsetzen solle. Feng-Shui-mäßig sei der Raum eine einzige Katastrophe, vielleicht wäre es drüben am Fenster besser. Heinrich möge ihr behilflich sein, den dort stehenden Tisch umzustellen. Ihre Stimme ist energisch. Heinrich rückt und hilft eine unfassbare Menge an Mappen, Gläsern und Taschen hinüberzubringen. Ob sie sich sicher sei, im richtigen Seminar zu sitzen, der Aquarellkurs finde im Raum Grützner statt? Sie schnauzt ihn an: Natürlich wisse sie, wo sie sich befinde! Ob sie einen minderbemittelten Eindruck mache? Was sie mitnehme und wie viel, gehe niemanden etwas an, sie habe diese Entmündigungsversuche vonseiten der Männer so etwas von satt, sie könne gar nicht sagen wie.

Nach dem Ausbruch kommt für Heinrich nur ein möglichst weit von der Verbitterten entfernter Tisch infrage. Dem Dozenten, der kurz darauf in den Raum stürzt, bietet sich folgendes Bild: eine nette alte Dame, dahinter v-förmig aufgefächert ein Herr im Lodenanzug und eine weitere, unangenehm wirkende Teilnehmerin. Das klassische Szenario eines schlecht gebuchten Schreibkurses, das entfernt an die Flugformation eines überalternden, stark gelichteten Schwarms erinnert.

Doch hat der Dozent, abgehetzt und atemlos wie er ist, kein Auge dafür. Er murmelt Worte der Entschuldigung für seine Verspätung, die mit dem Zustand seines Autos zu tun habe, wobei er sich verhaspelt und rot wird. Dann erst stellt er seine schäbige Tasche ab, der er einen Zettel entnimmt, auf dem vier Namen stehen. Ehe er auf den Ablauf des Kurses zu sprechen komme, würde er gerne mit einer Vorstellungsrunde beginnen. Er selbst heiße Schwarzbach, aber da es in den Kursen üblich sei, sich zu duzen, möge man ihn Georg nennen. Er begehe demnächst seinen vierzigsten Geburtstag, sei geschieden, Vater einer zu pubertieren beginnenden Tochter und freier Autor. Vielleicht habe jemand der Herrschaften ja schon etwas von ihm gelesen, sein letzter Roman *Werwölfe bei Tag* sei von der Kritik, etwa im evangelischen Buchbeobachter, recht wohlwollend aufgenommen worden. Der Dozent blickt erwartungsvoll in die Runde. Bedauerlicherweise hat noch keiner der Anwesenden von der Existenz eines Autors namens Schwarzbach gehört.

Das mache nichts, fährt der Dozent fort, auch jemand wie Stendhal habe zu Lebzeiten mit Wahrnehmungsproblemen zu kämpfen gehabt. *Die Kartause von Parma* etwa hätte sich keine siebzig Mal verkauft. Das müsse man sich einmal vorstellen. Die Kartause! Von Parma! Ein Jahrhundertwerk! Wenn auch mit Längen; er persönlich hätte zum Beispiel den Teil, in dem Fabrizio im Kerker sitzt, stark gekürzt. Doch würden solche Überlegungen zu weit führen, auch sei er nicht so vermessen, sich mit Stendhal zu vergleichen. An dieser Stelle würde er gerne etwas über die geschätzten Teilnehmer erfahren. Namen, Beruf, ihre Erwartungen und Vorstellungen, und was sie dazu bewogen habe, gerade diesen Kurs zu buchen. Vielleicht wolle die Dame im Dirndl den Anfang machen?

Die ziert sich nicht lange. Sie heiße Hermynia, nach einer unverheirateten Tante, auf deren Grund und Boden der Vater spekuliert hätte. Eine Berechnung, die nicht aufgegangen sei; die Tante habe, als es ans Sterben ging, alles der Kirche vermacht. Geblieben sei ihr der Name, ein schrecklicher Name, weshalb sie es vorziehe, Herma genannt zu werden. Sie stamme aus Achleithen, aus bäuerlichen, also schrecklichen Verhältnissen und sei verwitwet, Gott sei Dank. Seit 17 Jahren vergehe kein Tag, an dem sie nicht dafür danke, dass der Mann unter der Erde liege. Denn es wäre keine gute Ehe gewesen. Was den Kurs betreffe, dazu sei sie so gekommen wie die Jungfrau zum Kind. Eigentlich habe sie sich zu ihrem achtzigsten Geburtstag ja etwas ganz anderes gewünscht; eine Reise zur Insel Mainau nämlich. Weil sie doch Blumen über alles liebe. Der Mann habe die Blumen in ihrem Garten immer zu Tode gedüngt. Kübelweise Jauche darüber geschüttet, bis alles verbrannt sei, aus Bosheit, aus reiner Bosheit. Er habe auch das Radio abgedreht, wenn etwas gespielt wurde, das ihr gefiel. Er habe es nicht ausgehalten, wenn sich jemand über etwas gefreut hat. Er wäre eben ein durch und durch böser Mensch gewesen. Übertroffen nur noch durch seine Mutter, die …

Herma verstummt, zieht ein Taschentuch hervor, wischt sich die Augen. Im Raum herrscht betretenes Schweigen. Der Dozent murmelt, er verstehe, sie habe sich umentschieden, wohl in der Annahme, dass ihr der Kurs vielleicht helfe, das Erlittene besser zu verkraften, weil ...

Aber überhaupt nicht, unterbricht Herma, sie hätte viel lieber nach Mainau gewollt, aber der Nachwuchs wäre ganz nach dem Vater geraten, unvorstellbar geizig – und zwar alle sieben. Der Kurs sei schlicht billiger gewesen, und deshalb sitze sie hier und nicht im Bus in Richtung Bodensee.

Der Dozent schluckt, ehe er zur nächsten Teilnehmerin überleitet. Sie stellt sich als Frau Oberstudienrätin Professor Rottmann vor. Ihr Vorname tue nichts zur Sache, da sie nicht geduzt zu werden wünsche. Im Übrigen könne man den Berufstitel in der Anrede auch weglassen, Professor Rottmann reiche. Sie sei nicht prätentiös. Allerdings lege sie Wert auf Pünktlichkeit, darauf habe sie während all ihrer Jahre und Jahrzehnte im Schuldienst immer gehalten. Eine Selbstverständlichkeit, wie man annehmen sollte, namentlich bei erwachsenen Menschen. Der Kursus aber beginne unter schlechten Vorzeichen; mit einer Verspätung des sogenannten Herrn Dozenten. Dafür zahle sie nicht schweres Geld. Pünktlichkeit sei ein Eckpfeiler der bürgerlichen Gesellschaft und ohne diese gäbe es keine Kunst. Sie bitte sich aus, dass derlei nicht mehr vorkomme. Was die Beweggründe betreffe, die sie hierhergeführt haben, nun, ihr habe eigentlich etwas ganz anderes vorgeschwebt. Der Kurs hier sei eine Notlösung, denn sie trage sich mit dem Gedanken, ein Kinderbuch zu schreiben. Leider werde so etwas nirgendwo angeboten. Da sie seit vielen Jahren zeichne und aquarelliere, also mehr von der bildnerischen

Seite komme, wolle sie das Buch auch selbst illustrieren, weshalb sie ihre Malutensilien mitgenommen habe.

Als Protagonist schwebe ihr ein besonderes Tier vor, nicht die üblichen Bären, Katzen, Hunde oder Hasen, die seien schon tausendfach besetzt, sondern eine Ratte. Eine Ratte namens Raphaela, ein unverstandenes, zerrissenes und einsames Geschöpf. Das Projekt werfe Probleme und viele Fragen auf, für die sie Lösungen und Antworten erwarte. Denn ganz ohne literarische Kompetenz werde die Leitung eines solchen Kurses ja wohl nicht vergeben worden sein. Zumindest stehe das zu hoffen. Auch, dass man endlich beginnen könne, wenn man mit der Vorstellungsrunde fertig sei.

Schwarzbachs Gesicht hat eine leuchtend ungesunde Farbe angenommen. Eine Farbe, wie sie aus der polnischen Karminschildlaus gewonnen wird. Heinrich ist sich nicht sicher, ob der Dozent zusammenbrechen, wortlos den Raum verlassen oder sich schreiend auf die Oberstudienrätin stürzen wird. Alles scheint möglich.

In diesem Moment wird die Tür aufgerissen, und herein stürzt der vierte Kursteilnehmer. Er sei untröstlich, sagt er, aber die Existenz eines Arztes bringe nun einmal unentwegt Störungen mit sich. Der Dozent atmet schwer. Herma springt ein, der Herr Doktor habe nichts versäumt, man befinde sich noch in der Vorstellungsrunde. Sie selbst sei uninteressant, nur eine alte Bäuerin, die Dame am Fenster eine malende Frau Professor und weiter wäre man noch nicht gekommen. Aber gut, dass ein Herr Doktor jetzt da wäre, denn das Gesicht des Herrn Dozenten gefalle ihr gar nicht, der schaue aus wie ihr Schwager, kurz bevor er den Schlaganfall erlitten habe. Das sei zu Martini gewesen, unmittelbar nachdem das Gansl aufgetragen wurde. Martini 1968, das Jahr werde sie nie vergessen. Jahrelang habe man noch darüber geredet, über das Pech, ausgerechnet vor einem solchen Festtagsessen einen Schlaganfall zu erleiden. Schwarzbach verdreht die Augen.

„Ja, der gefällt mir auch nicht", meint der Arzt. „Ist Ihnen unwohl, kann man irgendwie helfen?" Der Dozent schüttelt den Kopf. Nein, er glaube nicht, dass ihm jemand helfen könne. Er mache in seiner Existenz als Autor gerade die Erfahrung, dass die Realität die Fiktion offenbar um Längen schlage. Vielleicht wolle der Herr Doktor gleich den Reigen der Vorstellungsrunde fortsetzen und erzählen, was ihn zu dem Kurs gebracht habe? Der Herr Doktor blickt auf die Uhr. Ja, also er heiße Jakob Vodnik, sei Facharzt für Haut- und Geschlechtskrankheiten im St. Rochus Spital, habe sich sehr auf das Seminar gefreut, müsse aber gleich wieder weiter.

„Wie bitte?!", krächzt der Dozent.

Ihm sei leider etwas dazwischengekommen. Wie gesagt, als Arzt … Dr. Vodnik lässt den Satz unvollendet. Auf seinen Gesichtszügen spiegelt sich mit einem Mal ein selig-blödes Lächeln. Die Kursteilnehmer folgen seinem Blick. Vor dem Fenster des Raumes steht eine Abgesandte der Göttin des Glücks. Eine junge, schöne, sehr weibliche Frau, bei der Männer unweigerlich mit der Hose zu denken beginnen.

In ihren Armen würde selbst Heinrich seine Virilität wiederfinden.

Ja, also er müsse dann los, sagt der Arzt. Er hätte aber noch eine Bitte –

„Sie können jetzt nicht mehr vom Kurs zurücktreten!" Der Dozent klingt panisch.

„Aber nein, aber nein", beruhigt Vodnik. Er würde lediglich um das Teilnahmediplom bitten.

Die Schöne wiegt sich leicht in den Hüften, winkt, Vodnik winkt zurück. Die Oberstudienrätin betrachtet ihn hasserfüllt, Heinrich neidisch, Herma amüsiert. Der Kursleiter wühlt in seiner Aktentasche, zieht ein in Fraktur gedrucktes Pergamentimitat hervor und macht sich ans Ausfüllen. Damit fertig, fragt er betont unschuldig, ob er vielleicht noch etwas dazuschreiben solle, dass der Herr Doktor zu großen Hoffnungen Anlass gebe oder dass er sein Werk aufs Beste empfehlen könne? Heinrich schmunzelt. Herma lacht. Der Gesichtsausdruck der Verbitterten ist unverändert. Vodnik antwortet kühl. Nicht nötig. Er nehme nicht an, dass die Empfehlung eines Herrn Schwarzbach irgendetwas bewirken würde. Aber das Datum möge er ausbessern, der Kurs ende übermorgen, nicht heute. Der Dozent tut es mit eingezogenem Kopf. Die Oberstudienrätin knirscht mit den Zähnen.

Vodnik nimmt das Diplom lächelnd entgegen. Man muss kein sehr aufmerksamer Beobachter sein, um festzustellen, dass an seinem rechten Digitus anularis an der Stelle, die normalerweise vom Ehering bedeckt wird, die Haut deutlich blasser ist als an der restlichen Hand. Monogamie entfärbt das Leben.

Als Vodnik abgerauscht ist, muss sich der Dozent erst einmal setzen. Herma verleiht ihrer Verwunderung

Ausdruck, dass der Falott seinen Abgang durch die Tür gemacht habe und nicht gleich aus dem Fenster gesprungen sei. Der Ihrige habe einmal … Die Oberstudienrätin unterbricht mit eisiger Stimme, fragt, ob man nun *endlich* beginnen könne. Schwarzbach strafft den Rücken. Natürlich, natürlich. Er dürfe alle Anwesenden nochmals recht herzlich zu dem Kurs … – Er kann seine Ausführungen aber nicht zu Ende bringen, da Herma ihn daran erinnert, dass sich der andere Herr ja noch gar nicht vorgestellt habe. Das sei allerdings wahr, sagt der Dozent, bitte, Herr Függe. Was hat Sie hierhergeführt – eine verlorene Wette vielleicht?

Es liegt kein Zynismus in dem Satz, nur tiefe Resignation. Heinrich ist plötzlich von einem Gefühl des Mitleids mit dem armen Teufel erfüllt. Er muss ihm etwas Nettes sagen. Und während er noch überlegt und nach dem richtigen Einstieg sucht, geht die Tür erneut auf und herein tritt ein dicker Mann, der sich wortreich für sein Erscheinen entschuldigt. Sein Name sei Ördög, er leite die Akademie und wolle den kreativen Fluss auch gar nicht lange stören. Er hoffe, die geschätzten Teilnehmer würden sich wohlfühlen, hier im Seminarraum Rosegger, in dem schon viele mit den literarischen Gattungen der Epik, Dramatik, Lyrik und so weiter erfolgreich gerungen hätten. Aus organisatorischen Gründen bitte er die Herrschaften, ihm mitzuteilen, was sie zum Mittagessen zu speisen wünschen. Im akademieeigenen Restaurant stünden zwei Menüs zur Auswahl, gebackener Emmentaler mit Preiselbeeren und Baguette oder gebackener Karpfen mit Kartoffelsalat. Davor eine

Masurische Jagdsuppe, alternativ ein kleiner Salat vom Buffet. Was er notieren dürfe?

„Ist der Karpfen geschröpft?", will Herma wissen. Ördög sagt, er werde in der Küche nachfragen. „Ja, so etwas müsse man doch wissen", ruft Herma. Der Akademieleiter versucht, seinen Emmentaler anzubringen. Niemand will den Emmentaler. Also viermal Fisch? Die Oberstudienrätin zischt, sie esse nichts Gebackenes. Das mache nichts, den Karpfen gebe es à la carte auch gedünstet auf polnische Art. Die Oberstudienrätin legt nach, sie esse nichts, was Augen habe. Sie sieht dabei wie eine Gottesanbeterin aus, und Heinrich fragt sich unwillkürlich, ob sie bei Menschenfleisch eine Ausnahme macht.

Schwarzbach, bemüht, die Situation zu deeskalieren, mischt sich ein. Die Zeichen stünden auf Fisch, immer vorausgesetzt, dass dieser geschröpft sei, ansonsten etwas von der Karte. Ördög macht ein missmutiges Gesicht. Er nehme das zur Kenntnis, obgleich er nicht froh darüber sei, denn der Küchenchef, ein sehr schwieriger Charakter, würde ihm wieder etwas erzählen. Doch könne man nichts machen, zehn Monate habe es gedauert, jemanden zu finden, es wolle ja niemand mehr in der Gastronomie arbeiten. Er selbst habe damals in die Bresche springen müssen, und um nichts in der Welt wolle er in diese Küche zurück. Und Schwarzbach solle nicht vergessen, dass er als Dozent nur Anspruch auf ein Menü habe, à la carte müsse er selbst bezahlen. Die Getränke sowieso, die wären früher frei gewesen, aber man habe mit Schriftstellern diesbezüglich schlechte Erfahrungen gemacht. Erst letztes Jahr sei ihnen so ein Autor fast im Karpfenteich ersoffen. Sternhagelvoll. Na ja, er wünsche jedenfalls noch einen angenehmen Aufenthalt, und am Nachmittag würde Frau Riefenbuck kommen und vom Wellnessprogramm berichten, welches sehr reichhaltig sei und von Massagen über Schlammpackungen bis hin zum Heubad keine Wünsche offenlasse. Stichwort Bad: Das akademieeigene Schwimmbad sei zurzeit leider geschlossen. Die Auflagen würden ja von Jahr zu Jahr immer mörderischer, der Staat lasse eben nichts unversucht, das Unternehmertum des Landes umzubringen.

Sechste Wahrnehmung

Heinrich kommt die Unterbrechung nicht ungelegen. Sie gibt ihm Zeit, sich eine Vorstellung zurechtzulegen, bei der er das Gesicht wahren und den Dozenten nicht vor den Kopf stoßen muss. Und so geht er, kaum, dass sich die Tür hinter dem vom Zustand der Welt bitter enttäuschten Akademieleiter geschlossen hat, gleich in medias res.

Er heiße Heinrich Függe, 1943 in Dachau geboren, wo es die Mutter hin verschlagen habe. Sie sei Malerin gewesen, der Vater Techniker, eine ungewöhnliche Konstellation. Der frühe Tod des Vaters habe dazu geführt, dass er das Gymnasium abbrechen musste, um das Seine zum Familienunterhalt beizutragen. Ein Schritt, der ihm als wissenshungrigen jungen Menschen nicht leichtgefallen sei. Den Großteil seines Berufslebens habe er in der Privatwirtschaft zugebracht, in verschiedensten Funktionen, die längste Zeit als Abteilungsleiter. Seit gut sechs Wochen genieße er die mit dem Vorruhestand verbundenen Annehmlichkeiten. An sich eine gute Sache, denn die Pension könne nur nach vorne verlängert werden.

Aber nachdem er schon früh zu arbeiten begonnen habe und es seiner Natur widerstrebe, im Ohrensessel sitzend Denksportaufgaben zu lösen, wäre ihm bereits in den ersten Tagen des neuen Lebensabschnittes die Idee gekommen, sich in der Akademie einzuschreiben. Er wolle sein Leben Revue passieren lassen, auf das Erreichte zurückblicken, kurz, Zeugnis ablegen. Der Kurs sei ihm als passendes Instrument dazu erschienen, also habe er nicht lange gezögert und nun sei er hier.

Heinrich lehnt sich zurück. Vom Geburtsjahr und -ort abgesehen, ist das Gros seiner Ausführungen eine Aneinanderreihung von Unwahrheiten. Nicht einmal der Vorname stimmt, in Wirklichkeit heißt er Hans Maria Heinrich. Doch ist das noch der lässlichste Schwindel; denn die mit seinem Namenswechsel verbundene Geschichte ist keine, die man ohne Androhung der Folter erzählt. Mit angelegten Daumenschrauben würde er Folgendes zu Protokoll geben: Als ich in die Familie meiner Frau gekommen bin, gab es dort bereits einen Hans. Meine Schwiegermutter, damals noch meine Schwiegermutter in spe, hat befürchtet, es würde zu Verwirrungen führen, wenn man zwei Träger dieses Namens hätte. Und ihren Hans könne man wohl schlecht umbenennen, nicht nur wegen seiner älteren Rechte. So wurde ich zu Heinrich. Und blieb es, auch als der Namensvetter bald darauf verschied. Ein Versuch, wieder zu meinem angestammten Namen zurückzukehren, wurde von der Schwiegermutter mit dem Hinweis, die Erinnerung tue zu weh, abgelehnt. Zehn Jahre habe man das brave Tier gehabt, dieses Bild von einem deutschen Schäferhund. Bis heute hängt sein Foto in ihrem Ankleidezimmer. Hans von Hartenstein, bissig bis zuletzt, ein zutiefst widerliches Vieh.

Doch daran denkt Heinrich im Augenblick nicht. Er ist mit sich, dem Gesagten und seiner Positionierung gerade sehr zufrieden. Die anderen Kursteilnehmer schweigen. Andächtig, wie ihm scheint. Geschichten vom Aufstieg werden immer gerne gehört. Der Zustand währt indes nicht lange, denn an der Fensterseite wird gelacht. Die Oberstudienrätin. Sie kann also lachen, wenn auch nur heiser und bösartig. Wie eine Hyäne. „Es ist interessant – und bezeichnend", sagt sie und fixiert ihn auf unangenehme Weise, „dass Ihre Frau mit keinem einzigen Wort Erwähnung findet."

„Sie kennen meine Frau?", fragt Heinrich mit mühsam verborgenem Grauen, „woher kennen Sie meine Frau?!"

„Ich kenne Isolde. Aus einem Kurs. Auch wir beide sind einander übrigens schon begegnet. Letzte Woche. In der Rahmenabteilung – erinnern Sie sich nicht?"

Heinrich beginnt zu schwitzen.

„Isolde hat viel von Ihnen erzählt. Durchaus interessante Geschichten ... Sie würde Ihre Herkunft und Ihren Werdegang wohl etwas anders schildern. Nun, wir werden hoffentlich noch einiges zu hören bekommen."

Die Oberstudienrätin lächelt. Heinrich spürt ein Gefühl der Übelkeit aufsteigen. Ihre Vorderzähne sind gelb und lang. Das Bild einer Ratte drängt sich auf.

Der Dozent wirkt mittlerweile entspannter als zuvor. Er ist froh, dass die grässliche Person von ihm abgelassen und sich in Herrn Függe verbissen hat. Hoffentlich bleibt es dabei. Das Letzte, was er brauchen kann, sind Konfrontationen – gleich welcher Natur. Dafür sind ihm die Kursteilnehmer zu gleichgültig, ist der Job zu schlecht bezahlt und sein Nervenkostüm zu dünn. Schwarzbach ist ja nicht freiwillig hier, sondern weil er das Geld braucht. Das Auto muss dringend in die Werkstatt, er ist mit der Miete und den Alimenten im Rückstand, Kleidung und Schuhwerk sind fadenscheinig und abgenutzt. Und das ist erst die Spitze des Eisbergs. Wenn er den Kernstock-Preis nicht bekommt, kann er eigentlich gleich in den Karpfenteich gehen. Nüchtern. Eine innere Stimme sagt ihm allerdings, dass er ihn nicht bekommen wird, den Preis. Er darf gar nicht daran denken.

Schwarzbachs Eröffnung ist die eines Opportunisten; er schlägt sich auf die Seite, auf der er die Macht vermutet. Die Frau Oberstudienrätin habe mit ihrer Bemerkung einen sehr wichtigen Punkt angesprochen; nämlich jenen, dass Autobiographien nur dann glaubwürdig sind, wenn sie etwas Unschönes zugeben. Denn von innen her betrachtet, sei das Leben nichts anderes als eine Aneinanderreihung von Niederlagen. Der Dozent blickt erwartungsvoll in die Runde.

Das sei aber sehr negativ, meint Herma, das sehe sie nicht so. Pessimistischer Schwachsinn, sekundiert die Oberstudienrätin. Auf Ihr Leben mag das Gesagte ja zutreffen. Auf meines nicht, meint Heinrich, entschlossen, den Dozenten nun nicht mehr zu schonen.

Er habe George Orwell zitiert, sagt der Dozent.

„Dann ist es eben sozialistisch-pessimistischer Schwachsinn", ruft die Oberstudienrätin. Die Sozis möge man dort, wo sie herkomme, gar nicht, bemerkt Herma. Heinrich sagt nichts. Er freut sich über die roten

Flecken im Gesicht des Dozenten, dem in diesem Augenblick klar wird, dass es klüger gewesen wäre, eine andere Allianz einzugehen. Und da man in der Defensive immer gut beraten ist, auf Zeit zu spielen, gibt Schwarzbach seinen Feinden, denn als solche sieht er die Kursteilnehmer nun, die erste Übung bekannt.

Sie dreht sich um die Frage, wie der Stoff beschaffen sei, aus dem einer gemacht ist. Um die unmittelbaren Vorfahren. Kurz: um Vater und Mutter. Man möge mit Ersterem beginnen, einer biographischen Skizze des Vaters. Die, das betont er noch einmal, nur dann Sinn mache, wenn sie nicht geschönt sei. Als zeitlichen Rahmen schlage er dreißig Minuten vor, bei Bedarf könne gerne verlängert werden. Ob es dazu noch Fragen gebe? Nein? Sehr schön, dann könne die Arbeit ja beginnen.

Das kann sie nicht, denn die Oberstudienrätin möchte an dieser Stelle wissen, ob es patriarchalen Denkmustern geschuldet sei, dass mit dem Vater begonnen werde. Das Primat des Mannes könne und werde sie in ihrer Existenz als Frau nicht akzeptieren. Schwarzbach entgegnet, das sei mitnichten der Fall, sie könne auch gerne mit der Mutter der Ratte anfangen. Nur komme man bei Säugetieren um den Vater gemeinhin nicht herum, dem Vater entrinne man nicht. Eine Problematik, die seines Wissens auch vom Feminismus noch nicht befriedigend gelöst worden sei. Wobei ihm durchaus bewusst sei, dass es in Gottes wundersamer Natur Lebewesen gebe, die sich ohne männlichen Samen fortpflanzen. Wenn er sich recht erinnere, nenne man dieses Phänomen Parthenogenese, es komme bei Blattläusen, Wasserflöhen und Fadenwürmern vor. Allesamt Tiere, die im Kinderbuchsektor stark unterrepräsentiert seien. Dies nur zur Anregung, und nun wünsche er ein frohes Schaffen.

Zwei der drei Teilnehmer haben Schwarzbachs gute Wünsche und den ihnen vorausgegangenen naturwissenschaftlichen Exkurs zur Jungfernzeugung gar nicht mehr gehört. Sie arbeiten bereits. Analog zum Pawlow'schen Hund, der auf den Klang der Glocke mit verstärktem Speichelfluss reagiert, sind bei Herma und Heinrich Schreibreflexe aktiviert worden, als die Worte *dem Vater entrinne man nicht* fielen. Es hat seine Gründe. Der Ankündigung der Oberstudienrätin, diese Frechheiten nicht hinnehmen zu wollen, begegnet Schwarzbach gestisch, indem er den Finger an die Lippen legt und auf die beiden Schreibenden deutet.

Und tatsächlich wäre es eine Sünde, die beiden zu stören, denn hier bricht sich lang Aufgestautes Bahn. Es ist eine Freude, zu sehen, mit welcher Schnelligkeit sich das Papier mit Worten bedeckt, eine Freude, in die sich im Falle des Dozenten auch ein wenig Neid mischt. Denn Schwarzbach ist ein ringender Autor, einer, der seine Texte nur unter Schmerzen gebiert. Mit leisem Seufzen öffnet er den Klapprechner, um sich dem eigenen Werk zu widmen.

Es herrscht tiefer Frieden. Alles fließt. Herma und Heinrich füllen Seite um Seite, was die Oberstudienrätin macht, ist nicht ganz ersichtlich. Jedenfalls raschelt sie in ihren Papieren, was sich harmonisch in die Rattenthematik einfügt. Und doch ist nicht alles so, wie es sein sollte. Der Dozent ist unzufrieden. Er starrt auf den Bildschirm, auf dem ein einsamer Satz geschrieben steht. Der Satz ist nicht so, wie er sein sollte. Der erste Satz aber entscheidet über das Schicksal eines Buches. Er hat eine Schlepperfunktion, soll den Leser in den Text hineinziehen wie in einen Strudel. Geht man in eine Buchhandlung und beobachtet die Leute, so fällt auf, dass praktisch jeder mit der ersten Seite beginnt. Folglich steht und fällt alles mit dem Beginn. Das ist das Wesen erfolgreicher Literatur. Später kann es dann schwächer werden.

So oder so ähnlich hätte es Schwarzbach den Kursteilnehmern erklärt, wenn er dazu eine Gelegenheit gehabt hätte. Sein eigener Anfang ist jedenfalls ein Dreck. Es bedürfte eines anderen Einstiegs, um weiterschreiben zu können, aber welchem? Ihm fällt nichts ein.

Die vorgegebene Zeit ist längst um. An sich hätte er vor zwanzig Minuten unterbrechen und nach der Notwendigkeit einer Verlängerung fragen müssen. Doch wäre es töricht gewesen, die Ruhe der Kampfpause zu stören. Auf der anderen Seite ist es sinnlos, weiter in den Laptop zu starren. Und so ist Schwarzbach erleichtert, als es an der Tür klopft, der Akademieleiter, ohne auf ein „Herein!" zu warten, eintritt und die Herrschaften dringend ersucht, zum Mittagessen zu kommen.

Die Bitte wird von den Kursteilnehmern schlecht aufgenommen, sie sind über die Störung ungehalten. Herma und Heinrich, weil sie mit der Bannung des väterlichen Dämons noch lange nicht fertig sind, die Oberstudienrätin, weil sie sich bei der Mischung der idealen Fellfarbe ihrer Ratte kurz vor dem Durchbruch wähnt. Sie ist es auch, die ihrem Unmut Luft macht.

Sie sehe nicht ein, sagt sie mit schneidender Stimme, weshalb man als zahlender Gast eines Hauses, das mit Achtsamkeitsversprechen gegenüber schöpferischer Menschen Werbung mache, an strikte Essenszeiten gebunden sei. Der Akademieleiter zeigt sich unbeeindruckt. Es sei kurz nach eins, sagt er, mit dem Finger gegen das Glas seiner Armbanduhr tippend, höchste Zeit, die Küche nehme nach halb keine Bestellungen mehr entgegen. Er könne auch nichts machen, der Schwager des Kochs sei bei der Gewerkschaft, und wenn zu essen gewünscht werde, dann wäre man gut beraten, sich Richtung Speisesaal zu begeben.

Die Oberstudienrätin ist noch nicht fertig. Den tropfenden Pinsel wie eine Waffe gegen Ördög gerichtet, erklärt sie, dass sie sich in dieser Hinsicht ein höheres Maß an Flexibilität erwarte. Andernfalls werde man eben woanders zu Mittag essen. Das glaube er nicht, meint der Leiter. Im vergangenen Jahr habe der *Schwarze Bär* zugesperrt und der Besitzer der *Goldenen Sense* ... aber das sei kein Essensthema. Jedenfalls gebe es in der näheren Umgebung keine Wirtshäuser mehr, in denen noch warm ausgekocht werde. Selbst die Option auf eine Packung Kekse im Gemischtwarenladen des Dorfes falle flach, weil dieser heute Nachmittag geschlossen habe.

Im Übrigen seien Herrn Schwarzbach die Essenszeiten bekannt gegeben worden. Die Dozenten der beiden anderen Kurse seien mit ihren Teilnehmern auch zur gegebenen Zeit erschienen – alles eine Frage der Einteilung. Dies nur zur Information und der Vollständigkeit halber, und jetzt wäre man gut beraten, sich zu sputen, wenn man daran interessiert sei, vor dem Abendessen noch etwas zu sich zu nehmen.

Siebente Wahrnehmung

Heinrich fühlt sich in die Sage des Rattenfängers von Hameln versetzt. Das liegt an Ördög, der, zufrieden das Torerolied vor sich hin pfeifend, die Gruppe anführt. Hinter ihm, den Kopf leicht außerhalb des Taktes wiegend, geht der Dozent. Er macht trotz der erlittenen Demütigung keinen geknickten Eindruck. Vielmehr steht Schwarzbach die Gratismenüvorfreude ins Gesicht geschrieben – er ist wirklich sehr hungrig. Ihm folgt Herma, geistig abwesend, das Schreibheft gegen den Solarplexus gepresst, in Gedanken noch ganz bei ihrem Vater. Gefolgt von der Oberstudienrätin, die ihre riesigen, in Ballerinen steckenden Füße voll Ingrimm auf den Boden setzt. Was Heinrich, der den Zug beschließt, an Feuerpatschen erinnert, die gegen einen Brand zum Einsatz kommen, der nicht mehr zu löschen ist.

Im Speisesaal sitzen die beiden anderen Gruppen tatsächlich schon bei Tisch. Dem ausnahmslos aus Damen bestehenden Aquarellkurs wird bereits die Hauptspeise serviert. Eine der Teilnehmerinnen kennt und grüßt die Oberstudienrätin. Sie heißt Raphaela. Die ausschließlich aus Männern bestehende Gruppe des Moduls

Holzskulptur mit der Kettensäge ist noch bei der Suppe. Die neben den Herren stehenden Biergläser sind fast leer, und man erfasst rein intuitiv, dass die zweite Runde noch vor der Hauptspeise serviert werden wird.

Ördög platziert die Schreiber an einem Katzentisch beim Eingang. Dieser, wie auch das Essen selbst, bieten Anlass zur Klage. Der Platz sei zugig, die Suppe versalzen, der Salat mit zu viel Essig angemacht. Auch der Hauptspeise ist es nicht gegeben, die Gemüter zu besänftigen. Zwar ist der Karpfen geschröpft, aber lauwarm, desgleichen die Flensburger Laibchen der Oberstudienrätin. Die Situation ist nahe davor, zu eskalieren, als Schwarzbach eine Gräte in den Hals gerät und er gotterbärmlich zu husten beginnt. Man ist bemüht, zu helfen; Heinrich formt und reicht ihm ein zu einer Kugel geformtes Stück Brot, nötigt ihn, als das nichts hilft, Salatmarinade zu trinken. Schwarzbach hustet weiter, worauf Herma beginnt, ihm auf den Rücken zu schlagen. Dabei erzählt sie, dass man in ihrer Jugend in Achleithen in solchen Fällen den Heiligen Nikolaus angerufen habe, damals sei man am Land eben noch sehr abergläubisch gewesen.

Und wirklich gibt Schwarzbach kurz darauf mit einem Schwall das marinierte Brot, die Gräte und etwas Fisch von sich. Eine vollkommen desinteressierte Servierkraft erscheint und fragt, ob die Herrschaften noch eine Nachspeise wünschen. Doch niemand hat Lust auf ein Dessert. Der Dozent bedeckt sein Missgeschick mit einer Serviette. Er ist im Begriff, sich stammelnd für das Geschehene zu entschuldigen, als Herma in ein schallendes Gelächter ausbricht. Es ist ein homerisches, alles durchdringendes Lachen.

Die Aquarellistinnen werfen indignierte, die Skulpteure glasig-erstaunte Blicke zum Katzentisch. Und Herma lacht weiter, die Tränen rinnen ihr hinunter. Die Oberstudienrätin ist peinlich berührt, desgleichen der Dozent, der freilich auch froh ist, nur noch im Zentrum, aber nicht mehr im Epizentrum der Aufmerksamkeit zu stehen.

„Ich mach mich gleich an!", kreischt Herma, deren Zwerchfell schon ganz wund sein muss. Die Skulpteure, von denen manche schon beim dritten Bier angelangt sind, fallen dumpf in das Gelächter ein. Vom Aquarellistinnen-Tisch ertönen „Zahlen!"-Rufe. Sie verhallen ungehört. Herma, am Ende ihrer Kräfte, wischt sich mit der Dirndlschürze über das Gesicht. Ördög kommt aus einem Nebenraum gehastet. Der Serviette nach zu schließen, die in der Kragenöffnung steckt, ist er beim Genuss der Jagdsuppe gestört worden. Die Zahlen! Rufe werden schriller. Ördög brüllt nach den Servierkräften. Das Gelächter der Biertrinker verebbt. Es ist plötzlich ganz still. Und dann hört man Herma sagen, es tue ihr leid, aber sie habe an etwas Komisches denken müssen, an die Bibelstelle von der Speisung der Fünftausend am See Genezareth nämlich. Die Geschichte mit den fünf Broten und den zwei Fischen, von denen alle satt geworden wären. Ihr sei der Gedanke gekommen, dass damals Ähnliches geschehen sein müsse wie gerade eben. Etwas, das dazu geführt habe, dass keiner der Fünftausend noch Appetit hatte. Apropos. Herma blickt an sich herunter. Jetzt müsse sie sich kurz entschuldigen. Manche Überlegungen bestrafe der Herr sofort. Das sei natürlich ein Scherz. Nach einem Leben mit zwölf Schwangerschaften könne so etwas mit achtzig schon einmal passieren. Das sei ja kein Wunder. Genau wie die Brotvermehrung. Sie lacht, als sie aufsteht und geht.

Achte Wahrnehmung

Heinrich sitzt im Seminarraum. Er ist allein, seine Gedanken kreisen um Herma. Er findet, dass ihr etwas Königliches innewohnt. Wobei es das Wort königlich nicht trifft. Frei wäre der richtige Ausdruck. Der Auftritt eines freien Menschen. Solche sind ihm im Leben nicht viele begegnet. Normalerweise bewegt man sich ja als Knecht unter Knechten. Wenige nur sind Herr. Und nach dem, was er bisher von ihr gehört hat, muss auch sie die längste Zeit Magd gewesen sein. Man kann von ihr lernen. Vielleicht …

Seine Überlegungen werden von der eintretenden Oberstudienrätin gestört. Sie bebt vor Empörung, sagt, sie sehe nicht ein, wie sie dazu komme, sich dieser schrecklichen Person auszusetzen. Dabei habe sie durchaus Sinn für Humor – solange er die Grenzen des guten Geschmacks nicht verletze. Genau das sei aber geschehen, und als praktizierende Christin könne sie nicht umhin, Konsequenzen zu ziehen. Doch wird Heinrich, der kurz davor steht, ihr zu sagen, dass sie selbst eine grässliche Person sei, nicht erfahren, von welcher Art die zu ziehenden Konsequenzen sind. Denn in diesem Augenblick öffnet der Dozent galant die Tür und Herma tritt, fröhlich vor sich hin plaudernd, in den Raum. Sie trägt ein anderes Dirndl, auch Schwarzbach hat sich frisch gemacht. Oder zumindest mit einem nassen Tuch auf seinem Hemd herumgerieben.

„Ich möchte mich", sagt er, wobei er sich räuspert, „für die Hilfe von vorhin bedanken. Es war wirklich sehr … äh … aufmerksam. Danke. So. Wir waren bei der ersten Übung. Benötigen Sie dafür noch Zeit?" Herma und Heinrich bejahen. Die Oberstudienrätin schweigt verbissen. Ihr Mund ist ein Strich.

„Ja, dann viel Glück. Väter sind immer ein schwieriges Kapitel."

Heinrich nickt. Das sind sie in der Tat. Es gibt etliche Kerben in seiner Biographie, aber kaum eine ist so tief wie jene, die ihr sein Vater beigebracht hat. Der Mann ist vergleichsweise spät in sein Leben getreten. So hat er sich die eine oder andere Erinnerung an die Zeit davor bewahren können. Die freilich auch nicht besonders gut gewesen ist. Nachkriegszeit eben, verschärft durch die Gegenwart der Mutter, eine alles andere als unbeschwerte, heitere, lebensbejahende Existenz. Aber das gehört in ein anderes Kapitel.

Wenn auch vieles wie in einem grauen Nebel verschwunden ist, an die erste Begegnung mit dem Vater kann er sich in einer Klarheit erinnern, die fast schmerzt. Wobei man das Adverb streichen kann. Dem Auftauchen des Vaters war eine schlecht vertuschte Unruhe der Mutter vorausgegangen. Sie war nervös, hatte noch mehr geseufzt als sonst. Die Ursache, eine stark verschmutzte Korrespondenzkarte, steckte im Rahmen des

Vorzimmerspiegels. Sie kündigte die Rückkehr eines Mannes an, der noch vor Ende des Krieges aus ihrem Leben verschwunden war. Ein Verschwinden, das nicht als Verlust empfunden worden war; im Gegensatz zum allgemeinen Brauch hatte die Mutter für seine glückliche Heimkehr aus der Sowjetunion nie eine Kerze ins Fenster gestellt.

Auf der Karte war kein genaues Datum angegeben, nur das unheilvolle Wort *demnächst*. *Demnächst werde ich kommen*, hatte der Vater geschrieben, in seiner pedantischen Handschrift, die in merkwürdigem Kontrast zum verdreckten Aussehen des Papiers stand, *bereite alles für meine Rückkehr vor*.

Doch geschah nichts dergleichen. Die Mutter änderte lediglich ihre Lesegewohnheiten. Sie begann die Zeitungslektüre nicht mehr mit dem Kulturteil, sondern mit der Liste der heimkehrenden Kriegsgefangenen. *Gott sei Dank*, murmelte sie, wenn der Name des Vaters nicht aufschien, *Gott sei Dank, vielleicht* … Sie führte den Gedanken nie aus. Doch eines Tages, ganz ohne weitere Vorankündigung, stand er plötzlich vor der Tür. Heinrich, damals noch Hans, war allein zu Hause, als es läutete. Es war die Zeit, zu der die Mutter von der Arbeit zu kommen pflegte. Er öffnete, ohne zu fragen, und bereute es augenblicklich. Vor ihm stand ein Mann, wie er noch keinen gesehen hatte. Sein Gesicht war widernatürlich bleich und von dunklen Flecken entstellt. Wie ein schwarz marmorierter Schimmelkäse. Das erste Bild, das sich dem Knaben in den Kopf schob, war das einer missglückten Maori-Tätowierung.

Er musste wohl gerade etwas über die Reisen von James Cook gelesen haben.

Er starrte den schäbig Gekleideten, der ihm wie der Leibhaftige vorkam, an. Der Mann starrte zurück. Nach einer Zeit, die ihm sehr lange vorkam, öffnete dieser den Mund: „Nun?"

Es dauerte, bis Hans eine Antwort einfiel. Er überlegte, was die Mutter in dieser Situation tun würde. Sie pflegte Bettlern, Vertretern, Männern generell die Tür zu weisen. So sagte er den Satz, den er immer und immer wieder von seiner Mutter gehört hatte: „Wir geben nichts."

Die Augen des Fremden bekamen einen glosenden Ausdruck. Hans hatte Angst. Er wollte die Tür schließen, wagte es aber nicht. Der Mann starrte ihn weiterhin unverwandt an.

„Tatsächlich", fragte er schließlich, „bist du dir da ganz sicher?" Das Kind senkte den Blick.

„Wenn man", fuhr der Mann fort, „seine Sachen genau durchgeht, dann findet sich manchmal etwas, das nicht mehr gebraucht wird. Lass dir dabei helfen, zu zweit sieht man mehr."

Mit diesen Worten betrat er die Wohnung, wobei er Hans beiseiteschob. Der stolperte sprachlos hinter dem Mann her, der, Unverständliches vor sich hinmurmelnd, von Raum zu Raum ging, Kastentüren öffnete, Schubladen aufzog, ihnen Dinge entnahm, sie betrachtete und wieder zurücklegte. In der Küchenkredenz fand er eine Packung Zigaretten, drehte und wendete sie stirnrunzelnd, als wäre eine geheime Botschaft darauf geschrieben, wandte sich endlich an den Knaben, den er mit unheilschwangerer Stimme fragte: „Wer raucht hier?"

Es gab einen Mann, dem die Mutter die Tür nicht wies. Das war Onkel Gustav, genannt Gustl, der seit zwei Jahren bei ihnen verkehrte. Seit die Unglücksbotschaft von der väterlichen Rückkehr ins Haus gekommen war, hatte er sich allerdings nicht mehr blicken lassen. Hans war nicht unfroh darüber gewesen. Er mochte den Onkel, der die Angewohnheit hatte, ihn mit Malzzucker zu beschenken, nicht. Es lag weniger am Malzzucker als an der Verabreichung der Gabe, die mit tabakgebeizten Fingern tiefer als nötig in den Mund gesteckt wurde. Es grauste ihn, wenn er nur daran dachte. Jetzt freilich hätte Hans einiges darum gegeben, wenn der Gustl hier gewesen wäre.

„Ich habe dich etwas gefragt!", fuhr ihn der Fremde an, „wird's bald?" Hans begann zu weinen. Der Mann ging wütend auf und ab. „Rauchen auch noch! Mit zwölf! Ich sage dir, wenn ich dich ein einziges Mal mit einer Zigarette erwische, dann setzt es was! Hast du mich verstanden?!"

Hans nickte schluchzend.

„Ich höre nichts!"

Das Kind brachte ein ersticktes „Ja" heraus.

„Dann ist es ja gut. Und in Zukunft sagst du nicht Ja, sondern?" Das Kind sah ihn mit verständnislosen, angstgeweiteten Augen an.

„Du sagst: Ja, Vater! Wiederhole es!"

„Ja. Vater."

„Na also. Geht doch! Und jetzt zeigst du mir dein letztes Zeugnis und die Schulhefte!

Sie waren bei Mathematik, als die Mutter heimkam. Die Fächer Deutsch, Erdkunde und Physik hatten sie bereits hinter sich. „Das kann nicht wahr sein, so begrenzt können die Fähigkeiten eines Gymnasiasten doch gar nicht sein!", hatte der Mann, den er Vater nennen musste, bei jedem Gegenstand gesagt.

Vater. Hans brachte das Wort nur mit Würgen heraus.

Neunte Wahrnehmung

Die Mutter war nach der Arbeit in ein Kaffeehaus gegangen. Das geschah nicht oft, aber wenn sie es tat, vergaß sie über den Zeitungen und Journalen meist auf die Zeit. So auch an diesem Tag. Mit dem Anflug eines schlechten Gewissens kaufte sie dem Sohn eine Schaumrolle und eilte nach Hause. In der Wohnung bot sich ihr ein befremdliches Bild. Sie sah Hans, der einen verheulten Eindruck machte und strammzustehen schien. Sie konnte nicht sehen vor wem, hörte jedoch eine wütende Stimme, die „Das einzige Gebiet, in dem du begabt zu sein scheinst, ist das des Versagens!" rief.

Das Kind, dem bis zu diesem Tag solche Reden fremd gewesen waren, begann erneut zu weinen. Was wiederum die Wut des Vaters anfachte. Ein Teufelskreis. Jetzt wäre die Mutter gefordert gewesen, sie hätte eingreifen, Hans in Schutz nehmen müssen. Aber sie tat nichts dergleichen. Die Mutter, das hat er durch den Tränenschleier wahrgenommen, stand da wie versteinert, sie …

„Herr Függe? Herr Függe!"
Heinrich schreckt hoch.

„Ja, bitte?"

„Es ist schön, jemanden im Kurs zu haben, der sich so konzentriert in seinen Text vertieft wie sie, aber die anderen Herrschaften sind fertig und würden jetzt gerne, also gewissermaßen langsam zur nächsten Übung …

„Ja. Entschuldigen Sie. Ich …"

„Können wir jetzt *endlich* weitermachen?" Die Oberstudienrätin, natürlich.

Und während sie ihren Text über die vaterlose und unter diesem Umstand leidende, sich mit ihrer Mutter nicht vertragende, auch sonst sehr einsame kleine Ratte Raphaela, die so gerne sein würde wie all die anderen, vorliest, denkt Heinrich, wie grauenhaft es vom Tag der väterlichen Rückkehr an war und wie sehr er die Kinder beneidet hat, deren Väter im Krieg geblieben waren.

Er hat das Erschrecken der Mutter vor Augen, als sich der Mann auf sein „Mama!"-Geschrei hin umdrehte, hört ihren nicht sehr glücklich gewählten ersten Satz nach zehn Jahren Trennung.

„Um Gottes willen, Hermann, wie siehst du denn aus?!" Sieht den hasserfüllten Blick des Mannes, der als Kriegsgefangener neun Jahre lang in einem Bergwerk im Donezk Kohle abgebaut hat. Kein Einzelschicksal, doch brachte der groß Gewachsene für das Hüttenwesen ungünstige Voraussetzungen mit sich. Es hat, denkt Heinrich, schon einen Grund, warum die Sage die Zwerge in den Bergen verortet, seltener die Riesen.

Der Vater hatte sich in den niedrigen Stollen oftmals den Kopf gestoßen, Kohlenstaub war in die Wunden geraten, und jetzt sah er eben aus, wie er aussah: wie von einem betrunkenen Maori tätowiert beziehungsweise wie ein unappetitlicher Roquefort.

Die Mutter befand sich, kaum, dass sich die Starre gelöst hatte, im Kriegszustand. Der Vater sowieso. Und er, das Kind, wäre gerne durch das zwischen ihnen liegende Niemandsland zu der mütterlichen Stellung zurückgekehrt. Doch waren ihm die verbalen Einschläge zu stark. Man schickte ihn bald in die Küche, von wo aus er freilich alles mitbekommen hat, die Auseinandersetzungen wurden schließlich laut genug geführt. Die Anschuldigungen des Vaters, dass Hans völlig verwahrlost sei. Ein Raucher! Und das ihm, einem Mitglied des Bundes Deutscher Tabakgegner! Offenbar wedelte er dabei mit dem Zigarettenpäckchen herum, denn die Mutter stellte den Sachverhalt nicht richtig. Dazu schulisch zurückgeblieben, *bedenklich* zurückgeblieben. Kein Wunder, wenn sie sich den ganzen Tag herumtreibe!

Die Mutter entgegnete, dass sie arbeite, der Vater drohte, dass sich das aufhören werde. Außerdem komme um diese Zeit niemand von der Arbeit. Was denn in dem Päckchen sei? Er riss das Papier auf. Eine Schaumrolle für den Herrn Sohn? Auch noch Zucker in den Hintern blasen? Nun, jetzt, wo er wieder hier sei, werde sich einiges ändern. Er werde wieder Struktur in die Familie bringen; ohne klare Strukturen gehe es nicht, ohne klare Strukturen sei der Mensch verloren.

„Noch Fragen?"

„Noch Fragen?", wiederholt der Dozent. Keiner hat Fragen. „Oder sonstige Anmerkungen zum Text von Frau Professor Rottmann?" Stille. Schwarzbach ergeht sich in Erklärungen über die Wichtigkeit des Austausches, der Kritik, eines hierzulande leider negativ besetzten Begriffs, was er persönlich nie verstanden habe. Schließlich sei doch gerade das Feedback der anderen, die Konfrontation mit den Schwächen des Geschriebenen ganz essentiell …

„Welche Schwächen?!", blafft die Oberstudienrätin.

Er habe, rudert der Dozent zurück, das jetzt gar nicht konkret auf diesen Text bezogen, aber …

„Sondern?!"

Herma meldet sich zu Wort. Sie sei zwar nur eine einfache Bäuerin, aber von Ratzen verstehe sie etwas. Es habe am Hof immer Probleme mit den Viechern gegeben, die sich mit Vorliebe im Erntegut aufgehalten hätten. Schon als Kleinkind habe sie mitangesehen, wie der Vater Ratzen erschlug, immer mit Buchenscheitern, nie mit Weichholz, denn Ratzen seien zäh. In einem Jahr, als die Plage besonders schlimm gewesen war, habe er Marderfallen aufgestellt, die darin gefangenen Tiere bestialisch zugerichtet und dann wieder freigelassen, damit ihre Artgenossen sehen, was ihnen blühe. Die Schreie der malträtierten Tiere habe sie jetzt noch im Ohr. Eine grausige Methode, doch habe sie funktioniert. Und das sei der springende Punkt und für sie die eigentliche Schwäche des Textes: Ratzen seien Gemeinschaftstiere, und das von der Frau Professor Geschriebene für sie schon deshalb nicht glaubhaft, weil es so etwas wie einen einsamen Ratz gar nicht gäbe. Schädlinge träten immer in Gruppen auf.

„Widerlicher geht es nun wirklich nicht mehr!", lässt sich die Oberstudienrätin vernehmen. Der Dozent hat Mühe, ein Grinsen zu unterdrücken. „Ein interessanter Einwand, wobei man nicht ganz außer Acht lassen sollte, dass es sich hier um ein Kinderbuch handelt. Gibt es sonst noch Anregungen? Herr Függe?"

„Ich habe nicht zugehört", sagt Heinrich und ist einen Moment lang sehr begeistert von seiner Ehrlichkeit. „Aber vielleicht haben Sie etwas zu sagen?"

„Kinderbücher sind problematisch", meint Schwarzbach ausweichend, „sie zählen zu den schwierigsten Gattungen überhaupt."

„Sind Kinderbücher überhaupt eine eigene literarische Gattung? Nicht eher ein Genre?"

Der Dozent schaut ihn gequält an. „Wer möchte als Nächstes lesen?"

„Mir haben Sie überhaupt nichts zu meinem Text zu sagen?", geht die Oberstudienrätin dazwischen.

„Nein. Das heißt doch. Es ist eine realistische Schilderung einer affektiven Störung."

„Raphaela hat keine Störung! Ihre Umgebung ist unzulänglich!"

„Auch so kann man es sehen. Es ist immer eine Frage der Wahrnehmung. Müßig, darüber zu diskutieren. Doch sollten wir weiter. Herr Függe?"

„Mein Text ist noch nicht fertig."

„Vielleicht ein paar Zeilen?"

„Ich würde die Übung lieber auslassen."

„Verstehe. Herma?"

Herma nickt, blättert etliche Seiten in einem blauen linierten Heft, eines, wie sie Volksschüler benutzen, zurück und beginnt. Schon der erste Satz erfüllt alle Kriterien eines den Zuhörer hineinziehenden Strudels.

„Mein Vater war dumm und vital. Er hat wie ein Skilehrer ausgesehen, obwohl es dazumal bei uns noch gar keine Skilehrer gegeben hat. Er war Bauer. Geboren wurde er am Namenstag des heiligen Maurus. Maurus heißt der Dunkle. Das hat gepasst. Der Hof, auf dem er auf die Welt gekommen ist, heißt Grubhof. Er wurde 1556 erstmals erwähnt und ist seit 1683 im Besitz der Familie. Auf dieses Ausharren auf einem Stück Land, auf diese Starrheit ist die Familie sehr stolz gewesen. Maurus hat früh geheiratet. Es war keine Liebeshochzeit, bei uns heiratet ein Acker den Acker. Die Mutter ist bei der Trauung schon guter Hoffnung gewesen. Kind um Kind hat sie in die Welt gesetzt, aber immer nur Mädchen. Es hat aber ein Erbe sein müssen. So hat er ihr noch eins und noch eins gemacht. Kaum aus dem Wochenbett hinaus war er schon wieder auf ihr. Wie ein Bock. Und gedroht hat er, dass sie zuschauen solle, dass es diesmal ein Sohn werde. Von den Kindern sind viele früh gestorben, an Krankheiten, an denen heute keiner mehr stirbt. Sie wurden dann in der Stube aufgebahrt, die Hände mit dem Rosenkranz zusammengebunden. Wenn eine Kuh krank war, ist Maurus auch bei Nacht und Sturm zum Viehbader gerannt. Eine tote Tochter war ihm egal. Bei einer Kuh wurde er schwermütig."

Herma klappt das Heft zu, sagt, sie müsse eine Pause machen, der Zorn auf diesen Menschen nehme ihr die Luft. Außerdem fürchte sie die Herrschaften zu langweilen. Der Dozent widerspricht energisch. Nein, nein, es sei *großartig*, ganz *phantastisch,* sowohl vom Text als auch vom Vortrag her. „Sie müssen weiterlesen. Oder?", fragt er in die Runde.

„Unbedingt!", bekräftigt Heinrich. Herma dreht sich um. „Ich möchte jetzt etwas von Ihrem Vater hören."

Es liegt etwas sehr Bestimmtes in ihren Worten. Eine natürliche Autorität, und Heinrich hört sich Entschuldigungen murmeln über das Unfertige, aus dem er gleich vorlesen werde.

Er wisse nichts Gesichertes über die Kindheit und Jugend des Vaters. Da habe er sich immer bedeckt gehalten, insofern hätte der Name Maurus auch für ihn gut gepasst. Er habe aber Hermann geheißen. Und es sei ein schöner Zufall, dass die folgende Skizze mit dem Zitat eines griechischen Philosophen beginne, der den Beinamen „der Dunkle" gehabt habe.

Sie glaube nicht an Zufälle, sagt Herma. „Lesen Sie."

Zehnte Wahrnehmung

„Von Heraklit von Ephesos stammt der Satz *Der Krieg ist der Vater aller Dinge*. Man kann darüber streiten, aber auf mich trifft es zu. Wäre nicht Krieg gewesen, hätten sich meine Eltern vermutlich nie kennengelernt. So aber verschlug es sie nach Bayern, wo sie eines Abends in einen Biergarten gerieten. Ein Habitat, das beiden eigentlich fremd gewesen ist. Dort, wo sie herkamen, ging man eher ins Kaffeehaus. Die Mutter zumindest. Und so saßen sie unter den Kastanien, jeder für sich, einsam und allein inmitten all der Besucher, und orderten Getränke. Hermann Mineralwasser und Dorothea Limonade."

„Das ist nicht wahr!", unterbricht Schwarzbach.

„Was? Mineralwasser und Limonade in einem Biergarten?"

„Ich meine Hermann und Dorothea. Wie die Liebesgeschichte bei Goethe. Ein episches Idyll."

„Nein, keine Liebesgeschichte. Auch kein Idyll. Eher ein episches Unglück. Sie bestellten also ihre Getränke, und da sie in Bayern waren, kam es zu hämischen Kommentaren und Bemerkungen. So haben die beiden überhaupt erst Notiz voneinander genommen und sind ins Gespräch gekommen. Abgesehen davon, dass sie beide kein Bier mochten, hat sie absolut nichts verbunden. Er war ein Techniker, wie er im Buche steht, trocken, pedantisch, phantasielos. Mit einer Leidenschaft für die Berge, ein Hochlandfanatiker durch und durch. Aber er hat äußerlich etwas hergemacht, groß gewachsen, trainiert, braun gebrannt. Was sich in der weißen Sommerfeldbluse der Gebirgsjäger, an der einige Kriegsauszeichnungen hingen, ausgezeichnet gemacht haben dürfte.

Die Begleitumstände, so vermute ich, waren dem, was folgte, günstig. Es muss einer dieser windstillen lauen Abende gewesen sein, an denen man unter blühenden Kastanien sitzt und die entbehrte gemeinsame Sprachmelodie genießt. Als der Vater dann meinte, er wolle aufbrechen, der Qualm von den Stumpenrauchern am Nebentisch störe ihn, ist sie mit ihm gegangen. Sie war eben einsam – freiwillig geht niemand nach Dachau."

„Entschuldigung", unterbricht Herma, „aber wieso ist sie denn überhaupt nach Dachau gegangen?"

„Wegen der Kunst."

„Kunst? In Dachau?", fragt der Dozent.

„Sie war Malerin. In der Porzellanmanufaktur Allach."

„Allach? Der SS-Betrieb? Hitlerköpfe, Schäferhunde, Julleuchter?"

„Erstaunlich, dass Sie das kennen. Ja, dort hat sie gearbeitet."

„Es waren schon auch welche freiwillig in Dachau. Mein Bruder. Bei der SS", wirft Herma ein.

„Wirklich? Das heißt, Ihr Vater hat dann doch noch einen Erben für seinen Hof bekommen?"

„Ja. Das sechste Kind war ein Sohn."

„Wie bei Otto von Habsburg", sagt Schwarzbach.

Den kenne sie nicht. Aber die armen Frauen müssen gebären und gebären, bis endlich ein Stammhalter da ist. Vorher gibt ein Mann keine Ruh. Nachher auch nicht. Aber wir sind bei Ihrem Vater."

„Er ist kurz danach wieder an die Front kommandiert worden. Meine Mutter war nicht traurig darüber. Sie hat sich weder für Klettertechnik noch für Ingenieurswissenschaft interessiert. Er ist ihr zu langweilig und amusisch gewesen. Nur war die Biergartenbekanntschaft, wie sie bald darauf feststellen musste, nicht ohne Folgen geblieben. Sie wartete bis zum vierten Monat, ehe sie ihm schrieb …

Der Brief erreichte ihn in aufgeräumter Stimmung. Er war einer derjenigen gewesen, die die Reichskriegsflagge am Elbrus im Kaukasus gehisst hatten. 5642 Meter – höher ist die Wehrmacht nie gekommen.

Er antwortete, dass man eben heiraten werde müssen, damit alles seine Ordnung habe. Sein Brief war einem Päckchen beigelegt, in dem sich ein gerahmtes Foto von ihm befand. Samt einer genauen Anweisung, wo es aufgestellt werden müsse. Es zeigte ihn bei der Verleihung des Sturmabzeichens. Die Mutter steckte es in die unterste Lade.

Zum festgesetzten Trauungstermin hätte er eigentlich Heimaturlaub bekommen müssen. Doch hatten sich die Kämpfe festgefahren. Es wurde eine Ferntrauung. Das

Hochzeitsfoto zeigt eine unglückliche, hochschwangere Frau, neben ihr ein Stahlhelm, der den absenten Gatten repräsentierte. Ein Gegenstand von passender Symbolik. Auch dieses Foto landete in besagter Lade. Einige Male haben sie sich, während die Front immer näher rückte, noch gesehen. In diese Zeit fiel auch die Übersiedlung in die Wiener Wohnung.

Die Zusammenkünfte, so hat die Mutter später erzählt, waren von einer Mischung aus Anspannung und Leere gekennzeichnet. Eine Leere, die auch durch die ständigen Erklärungen des Vaters, wie das und jenes gemacht werden sollte oder besser gemacht werden könnte, nicht ausgefüllt wurde.

In der Endphase des Krieges ist er von den Russen gefangen genommen worden. In einer für einen Gebirgsjäger unpassenden Umgebung, mitten in der ungarischen Tiefebene. Er schien ein größerer Fang, als er tatsächlich war, weil er all seine Auszeichnungen umgehängt hatte.

Danach ist er in einem Kriegsgefangenenlager in Donezk interniert worden. Gearbeitet hat er unter Tage, angeblich in dem Kohlenbergwerk, in dem der Stachanow in einer Schicht das 13-Fache der Norm abgebaut haben soll. Dass mein Vater die Tätigkeit als Hauer zehn Jahre durchgestanden hat, war nicht allein seiner Konstitution zu verdanken. Es war vor allem ein ungeheurer Hass, der ihn am Leben gehalten hat, ein Hass auf den Russen an sich, auf alles Russische.

Als er zurückgekommen ist, war ich bereits im Gymnasium, Unterstufe, 2. Klasse. Es war sehr schwierig. Er war nicht mehr gesellschaftsfähig. Schon rein äußerlich, weil sich nach all den Jahren im Bergwerk der Kohlenstaub in seine Haut gefressen hatte und er fürchterlich ausgesehen hat. Subterrestrisch. Natürlich hatten auch seine Umgangsformen in Russland gelitten, beginnend bei den Tischmanieren. Kein Wunder, wenn man 15 Jahre aus dem Wehrmachtsgeschirr frisst. In das er seinen Namen und Titel eingekratzt hatte. In Normschrift.

Ziemlich schnell war klar, dass er in keinen normalen Arbeitsprozess mehr eingegliedert werden konnte. Normal im Sinne von: zusammen mit anderen Menschen. Allerdings gab es da eine Seilschaft mit einem Gebirgsjägerkameraden, Inhaber eines Waffengeschäfts. Der betraute ihn mit der Wartung und Instandsetzung von Gewehren. Das hat er dann in Heimarbeit gemacht. Es hat aber nicht viel abgeworfen, weil er, wie gesagt, ein Pedant war und für jede Reparatur ewig gebraucht hat. Die Mutter hat weiterhin in ihrem angestammten Metier gearbeitet. Bei Augarten, der ehemaligen kaiserlichen Porzellanmanufaktur. Sie war in der Abteilung Maria Theresia. Ein düsteres Dekor, von suizid-grüner Farbe. Doch war selbst das dem häuslichen Umfeld vorzuziehen.

Der Wirkungskreis des Vaters hat sich fast ausschließlich auf die Familie beschränkt. Hier hat er in der ersten Zeit nach seiner Rückkehr versucht, so etwas wie ein absolutistisches Regime aufzubauen. Ein Plan, der nicht funktionieren konnte. Nicht bei dieser Vorgeschichte. Anfangs hat er noch ziemlich herumgetobt; die Dostojewski-, Gogol- und Tolstoi-Ausgaben der Mutter verbrannt, weil er nichts Russisches in seiner Umgebung dulden wollte. Allerdings mündete das Geschrei meist in entsetzliche Hustenanfälle. Man darf nicht vergessen, dass er bei seiner Heimkehr bereits ein kranker Mann gewesen ist. Zehn Jahre in einem Kohlebergwerk bleiben nicht ohne Folgen.

Mit dem Husten ist es immer schlimmer geworden. Von sich aus hat er keinen Arzt aufgesucht, er hatte Angst vor der Diagnose. Und die Mutter hat ihn nicht ermutigt, es zu tun. In der Geräuschkulisse meiner Jugend spielen die Husten- und Erstickungsanfälle des Vaters eine große Rolle.

So ging es einige Jahre dahin. Bis er bei einem Mittagessen Blut spuckte, in einem Ausmaß, dass man nicht mehr umhinkam, die Rettung zu rufen. Dann war er kurz in der Pulmologie, wo man nicht viel mehr für ihn tun konnte, als ihn in einen Luftkurort im Gebirge zu überweisen, wo er bald darauf verstorben ist. Ziemlich genau fünf Jahre nach seiner Rückkehr."

Der Dozent ist der Erste, der sich nach einigem Geräusper äußert. Der Beitrag von Herrn Függe habe ihm prinzipiell gefallen. An der Zeitenwahl müsse er noch arbeiten, da springe er immer hin und her. Ansonsten gebe es einige recht geglückte Passagen, die erste Begegnung im Biergarten etwa. Da wähne man sich inmitten des Geschehens, atme den Geruch blühender Kastanien, dem ja etwas eigentümlich-animalisches anhaftet, spüre die Isolation von Hermann und Dorothea inmitten all der Biergesichter. Heimito von Doderer, der sich übrigens auch aus freien Stücken in Dachau aufgehalten habe, hätte über Bayern einmal sinngemäß geschrieben, dass man die dort ansässige Bevölkerung in zwei Gruppen unterteilen könne. Die eine, deutlich kleinere, bestehe aus Fleischhauern, die andere sehe nur so aus. Schwarzbach lacht schallend. Der Biergarten, so Schwarzbach weiter, sei in seiner atmosphärischen Dichte jedenfalls gelungen. Die Beschreibung des Vaters wäre ihm allerdings noch zu mager, sportlicher Pedant reiche nicht aus, um einen Menschen zu skizzieren. Der Vater müsse noch etwas Charakterspeck ansetzen. Auch bei der Rückkehr fehle etwas. Die Interaktion zwischen den Familienmitgliedern gehöre stärker herausgearbeitet. Vor allem zwischen Vater und Sohn. Dieses plötzliche Aufkreuzen einer Vaterfigur mit dämonischen Zügen – das sei doch ein großer Stoff, den man nicht einfach verschenken dürfe.

Ansonsten eine gut erzählte Geschichte. Wirklich ganz ausgezeichnet. Auch das Ende, das bei aller Tragik doch auch etwas Versöhnliches habe – schließlich sei es ihm vergönnt gewesen, in seinen geliebten Bergen zu sterben.

Ein Lächeln umspielt Heinrichs Züge. Von den geliebten Bergen hat der Vater in der Stunde seines Todes nicht viel gesehen. Er ist in einem Heilstollen für Lungenkranke erstickt. In einem aufgelassenen Bergwerk. Salz, nicht Kohle, aber immerhin ein Bergwerk. Seit damals stellt er sich den lieben Gott als ironiebegabtes Wesen vor.

Der Dozent missdeutet Heinrichs Gesichtsausdruck. Er ist zufrieden, dass er einen tröstlichen Aspekt in diese traurige Geschichte bringen durfte. Schließlich ist der Tod des Vaters eine Zäsur, egal, wie schwierig das

Verhältnis zu ihm gewesen sein mag. Der Dozent erklärt, das wäre von seiner Seite alles. Ob es sonst noch Wortmeldungen gebe?

Überraschenderweise ergreift die Oberstudienrätin das Wort. Ja, es gebe eine Frage. Sie wendet sich an Heinrich.

„Bei der Vorstellungsrunde haben Sie gesagt, dass Sie durch den frühen Tod des Vaters gezwungen waren, das Gymnasium abzubrechen, um zum Familienunterhalt beizutragen. Ist das richtig?"

Heinrich nickt.

„Das müssen Sie mir erklären. Als Ihr Vater aus der Kriegsgefangenschaft zurückkehrte, waren Sie Gymnasiast. Und Ihre Mutter arbeitete in der Porzellanmanufaktur. Oder etwa nicht?"

„Ja."

„Wieso müssen Sie dann fünf Jahre später die Schule abbrechen? Wo doch der Verdienst Ihres Vaters nicht sonderlich relevant gewesen ist und das Haushaltseinkommen durch die Witwenpension eher gestiegen sein müsste? Das ergibt doch keinen Sinn."

Heinrich schweigt.

„So kurz vor der Reife bricht doch niemand die Schule ab. Vorausgesetzt, dass er mit 17 tatsächlich kurz vor der Reife steht. In welcher Schulstufe waren Sie, als Ihr Vater starb?"

Das könne er ad hoc nicht sagen, murmelt Heinrich.

„Aber ich bitte Sie! So etwas vergisst man doch nicht! Die Schulzeit ist doch ein ganz wesentlicher Teil einer jeden Biographie!"

Der Satz ist gut. Schwarzbach beschließt, ihn bei seinem nächsten Seminar zu verwenden. Auch wenn er im Innersten am Zustandekommen eines weiteren Kurses zweifelt.

„Ich habe", doziert die Oberstudienrätin „im Laufe meiner Lehrtätigkeit immer wieder mit Schülern zu tun gehabt, die durch Suizid, Unfälle, schwere Krankheiten und so weiter zu Halb- oder Vollwaisen wurden. Wenn nötig, sind sie finanziell vom Staat, fachlich vom Lehrerkollegium durchgeschleppt worden. Durchfallen lassen kann man so jemanden gar nicht mehr. Das gilt doch als Erbsünde! Es erscheint mir daher als unwahrscheinlich, dass …"

Heinrich ist sich in diesem Moment nicht sicher, ob er jemals jemanden so sehr gehasst hat wie diese Oberstudienrätin. Ausgenommen seine Frau Isolde natürlich, die der Ratte sicher haarklein erzählt hat, wie seine Jugend tatsächlich verlaufen ist.

Er hätte es für sich behalten müssen. Dass die Rückkehr des Vaters so etwas wie die Urkatastrophe seines Lebens war. Das Auftauchen des Bösen. Die damit einhergehende Vertreibung aus dem mütterlichen Bett. Neue Geräusche. Das Klatschen von Ohrfeigen zur Aufmunterung des Fleißes. Die auf seinem Kopf aufschlagenden Bücher. Mathematik, so hat er es in Erinnerung, klang dumpfer als Deutsch. Das umgekehrte, negative Energien freisetzende Mantra:

„Du bist ein Versager!"

Wenn er vorher geschrieben hat, dass der Versuch des Vaters, innerhalb der Familie ein absolutistisches Regime aufzubauen, gescheitert ist, so ist das gelogen. Zumindest was ihn betrifft.

Die Mutter war keine Hilfe. Sie verhielt sich passiv und flüchtete sich in Migräneanfälle. So wie später seine Frau. Die Bilder glichen sich in verblüffender Weise. Leidende Mienen, feuchte Tücher, Schmerzmittel, wächserne Ohrenstöpsel, Rückzug in das abgedunkelte Schlafzimmer.

In gewisser Hinsicht heiratet man immer die Mutter.

Heinrich ist nur froh, Isolde nicht alle Auswüchse des Schreckens erzählt zu haben. Etwa, dass er begonnen hat, wieder ins Bett zu nässen. Der Vater war fassungslos, als er es bemerkte. Das könne doch nicht wahr sein! Ein Bettseicher! Mit 13! Er schrie, dass man in Sparta jemanden wie ihn schon nach der Geburt ausgesetzt hätte. Als Konsequenz bekam er abends nichts mehr zu trinken. Es half wenig.

Er war niemals ein brillanter Schüler gewesen, aber doch gutes Mittelmaß, knapp oberhalb der Mitte. Das änderte sich mit der neuen Familienkonstellation. Seine schulischen Leistungen sanken rasch ab. Egal, ob ein Lehrer etwas vortrug oder fragte, in seinem Kopf war immer nur ein dumpfes Rauschen. Innerhalb von drei Semestern stand er in allen Hauptfächern so schlecht, dass eine Versetzung unwahrscheinlich schien. Der Vater brüllte, dass seine Geduld erschöpft sei. Mehr als jeden Tag jede Zeile eines jeden Heftes mit ihm durchzugehen, könne man nicht! Wenn er für das Gymnasium zu faul sei, müsse man ihn eben aus der Schule herausnehmen und versuchen, ihn irgendwo als Ladenschwengel unterzubringen. Aber zuvor werde er ihm noch eine Lektion erteilen, die er nicht vergessen werde. Bei diesen Worten zog er seinen Gürtel aus den Schlaufen.

„Dreh dich um! Hose runter!"

Der Einsatz des Gürtels als pädagogisches Instrument war neu. Heinrich wollte weglaufen, aber er konnte nicht. Er konnte sich auch nicht umdrehen, stand da, als wäre er im Boden verwurzelt.

„Wird's bald?!", schrie der Vater, wobei er die Hand mit dem Gürtel hob. Heinrich drehte sich um. An der Wand hing eine Europakarte. In den rot gefärbten, gebirgigen Teilen steckten kleine Fähnchen, die auf die alpinistischen Triumphe des Vaters verwiesen. Sie waren zahlreich, und zahlreich wären die Möglichkeiten gewesen, dabei zu Tode zu kommen. Lawinen, Materialfehler, Steinschlag. So viele Möglichkeiten, dachte der Knabe. Dann …

Etwas fällt krachend zu Boden.

„Könnte mir bitte jemand mein Stopfholz aufheben?", fragt Herma.

„Sofort!", ruft der Dozent, er müsse nur noch schnell etwas notieren. Jeder Gedanke, den man nicht sofort festhalte, sei unweigerlich verloren, vorausgesetzt, es ist ein guter. Heinrich bückt sich, Herma bedankt sich. Ihr Rücken sagt sie, mache ihr heute zu schaffen, an manchen Tagen sei es wie verhext. Sie deutet auf das Stopfholz. Leider könne sie nicht untätig sein. Sie wäre es gern, habe es aber nie gelernt. Deshalb habe sie immer eine Handarbeit dabei. Und wegen der spinnerten Goaß am Fenster, fügt sie gerade noch hörbar hinzu, solle er sich nicht ärgern. Dabei zwinkert sie ihm aufmunternd zu.

Als Heinrich zu seinem Platz zurückkehrt, lässt die Oberstudienrätin die Gruppe wissen, dass Heinrichs Schweigen tief blicken lasse. Es genüge ihr als Antwort, sie könne sich ein Bild machen. Das freue ihn, sagt der Dozent, wieder eine Unklarheit beseitigt.

Dann könne man ja langsam mit der nächsten Übung beginnen. Die sich, wie die Teilnehmer des Kurses nun erfahren, einfacher gestalten wird als die erste. Mit Sicherheit.

Elfte Wahrnehmung

Der Dozent hat sich Folgendes überlegt:

In seiner Eigenart als soziales Wesen interagiere man im Laufe seines Lebens beruflich und privat mit zahllosen anderen Menschen. Die meisten dieser Begegnungen seien ohne tiefere Bedeutung und schnell vergessen, aber manchmal stoße man auf jemanden, bei dem es sich anders verhalte. Das könne ein Seelenverwandter sein, ein Alter Ego, jemand, der einen prägt, zum Vorbild wird oder Sonstiges. Er wolle sich da zugunsten der Bandbreite ganz bewusst nicht festlegen. Als Anregung sage er noch, dass man bei der Übung an die Umstände der ersten Begegnung, an die Facetten der Persönlichkeit, des Charakters, des ganzen Wesens der oder des Betreffenden denken solle.

Zu beachten sei lediglich, dass es sich bei der Person um jemanden handle, mit dem einen weder Familienbande noch eine Liebesgeschichte verbinde. Zur Liebe komme man noch, und das Familienpensum empfinde er für den heutigen Tag als erfüllt. Ob es noch offene Fragen oder Unklarheiten gebe?

Die Oberstudienrätin hat eine Anmerkung. Bandbreite sei ein Begriff der Physik, nicht aber der literarischen Darstellung. Das Wort sei falsch verwendet, man solle sich immer auf die Worte beschränken, deren Bedeutung man auch wirklich kenne.

„Setzen Schwarzbach, nicht genügend!", ruft der Dozent.

Frau Rottmanns Replik geht im Gelächter der anderen unter.

Heinrich hat bei der Übung einen klaren Startvorteil. Er kann dort fortfahren, wo er seinen letzten Gedanken beendet hat. Es wird ein langer, aber kein unlogischer Übergang zum Alten werden. Und der Alte ist nun einmal von zentraler Bedeutung gewesen. Schwieriger gestaltet es sich bei der Oberstudienrätin. Sie wird es darauf hinauslaufen lassen müssen, dass die kleine Raphaela auf einen Spiegel stößt, damit sie jemanden sehen kann, der ihr wichtig ist.

Aber auch Herma hat ihre Anstände mit dem Thema. Sie kaut einige Zeit unschlüssig am Bleistift, ehe sie den Dozenten wissen lässt, dass es so eine Person in ihrem Leben nicht gegeben habe.

Der zeigt sich skeptisch. Das sei doch völlig unmöglich! *Jeder* habe eine Begegnung mit so einem Menschen gehabt.

Sie schüttelt den Kopf. Auf sie treffe es nicht zu. Der Herr Dozent mache sich ja keine Vorstellung davon, wie es früher in der Landwirtschaft zugegangen sei. Noch dazu als Frau und ständig guter Hoffnung. Bei all der Arbeit und Plackerei habe sie keine Zeit für interessante Begegnungen gehabt. Und selbst wenn sich so etwas ergeben hätte, hätte sie nicht die Muße gehabt, sich die betreffende Person näher anzusehen.

Schwarzbach kratzt sich am Kopf. „Was machen wir mit Ihnen?" Herma überlegt. Sie könne, sagt sie nach einer Weile, nur über jemanden schreiben, der insofern wegweisend gewesen sei, weil sie nicht so enden wollte.

„Wunderbar", sagt Schwarzbach, „dann schreiben Sie darüber."

Die Sache habe allerdings einen Haken. Wegen der Familienbande. Es handle sich um ihre Mutter.

Er erteile Dispens und freue sich schon jetzt auf jedes einzelne Wort, dass er zu hören bekommen werde, sagt Schwarzbach.

Er höre sich an wie ein Priester, sagt sie. Schwarzbach vermeint, eine leise Verachtung herauszuhören.

Heinrich hat sich inzwischen in einen der dunkelsten Winkel seiner Vergangenheit zurückbegeben. Hier steht er nun, mit heruntergelassenen Hosen, dem Gesicht zur Wand und wartet auf den ersten Hieb. Durch das Rauschen im Kopf nimmt er undeutlich wahr, dass man ihm die Faulheit schon noch austreiben werde. Das Leder klatscht auf das Gesäß. Der Schmerz ist heftiger als erwartet. Es rauscht nicht mehr. Das Brüllen des Vaters dringt jetzt ungedämpft an sein Ohr. Ein zweiter Schlag, ein dritter. Dann geht das Gebrüll in ein Rasseln über, das Rasseln in ein Husten, der Husten in etwas, das sich wie ein Erstickungsanfall anhört. Die Lektion ist beendet, Heinrich dreht sich um. Der Vater hat seinen Gürtel fallen gelassen, er hält mit beiden Händen ein Taschentuch gegen den Mund gepresst. Heinrich hat die Augen zu schmalen Schlitzen verengt. Aufmerksam beobachtet er, wie sein Zuchtmeister von heftigen Anfällen gebeutelt wird. Nachdem der Vater ausgehustet hat, blickt er lange in sein Taschentuch. Sieh dir an, was du angerichtet hast, sagt er keuchend.

In der Mitte des Tuches ist ein roter, runder Fleck. Heinrich erinnert der blutige Auswurf an eine aufgehende Sonne. Ein Symbol der Hoffnung.

Nein. Das kann er so nicht stehen lassen. So etwas kann man sich höchstens denken. Doch wird er mit dem blutigen Sputum beginnen. Ein starkes, gleichermaßen Mitleid wie Ekel erregendes Bild. Gefolgt von einer Schilderung des rapiden gesundheitlichen Verfalls des Vaters. Der Notwendigkeit des Broterwerbs, des Austritts aus der Schule, des Eintritts in die Firma. Zu klären ist noch, wie er dorthin gekommen ist. Durch Eigeninitiative jedenfalls. Vielleicht über ein Inserat. Damals wurde ja noch gesucht. International tätiger Konzern sucht schneidige junge Menschen. Strebsame, strebsame ist besser. Etwas in der Art. Das müsste noch recherchiert werden. Er hat sich noch nie für einen Job beworben.

Keinesfalls möchte Heinrich in seinen Erinnerungen die Wahrheit stehen haben. Dass es der Vater war, der alles Notwendige in die Wege geleitet hat, um ihn in der Firma unterzubringen. Bei dem Gespräch mit dem ehemaligen Bergkameraden und nunmehrigen Waffengeschäftsbesitzer war er dabei. Hatte er dabei zu sein. Ihm wird jetzt noch übel, wenn er daran denkt.

Es war ein Tiefpunkt seines Lebens, ein Augenblick absoluter Demütigung. Die beiden Herren, sitzend, er danebenstehend. Der Vater, mit höhnischer Resignation über seine schulischen Misserfolge referierend. Der

Waffenhändler, ihn darin bestärkend, dass die Jugend von heute nun einmal nichts tauge. Das zeige sich in allen Bereichen, egal ob Musik, Kleidung oder kulinarischer Vorlieben. Ganz zu schweigen von den Haaren! Er selber habe ja keinen Sohn – aber der Neffe! Der sehe aus wie ein Gammler, und er habe seiner Schwester schon gesagt, wenn er einmal tot sei, habe der Kerl entweder zum Frisör zu gehen oder er verbiete ihm die Teilnahme an seinem Begräbnis. So etwas dulde er nicht, eine Beerdigung sei schließlich eine ernsthafte Sache. Oft denke er, selbst wenn man den Krieg gewonnen hätte, wären die eroberten Gebiete mit so einer Generation nicht zu halten gewesen.

Der Vater hustete bekräftigend, deutete auf Heinrich. Er habe wegen diesem Kerl da schlaflose Nächte. Tag und Nacht zerbreche er sich den Kopf, was aus dem Nichtsnutz einmal werden solle. Für das Gymnasium seien seine geistigen Fähigkeiten nicht ausreichend. Er habe alles versucht, ihm jedwede Hilfestellung geboten, vergebens. Folglich müsse man ihn irgendwo unterbringen.

Er habe hin und her überlegt. Die Polizei in Erwägung gezogen, aber für diesen Beruf brauche es ein Mindestmaß an Autorität und nun ja, er sehe ja selber. Post und Bahn wären Optionen, die er ins Auge gefasst habe, Optionen, von denen er aber nur ungern Gebrauch machen würde. Post und Bahn würden in das Gebiet der Ultima Ratio fallen. Dann wäre ihm bei der Reparatur eines Jagdstutzens eine Eingebung gekommen. Genauer gesagt, sei sein Blick am eingestanzten Firmennamen hängen geblieben.

PARABELLUM

Und mit einem Mal habe er eine tiefe Erleichterung verspürt und sich gedacht, dass dies die Lösung seines Problems sein könnte. Ein Waffen produzierendes Unternehmen, krisensicherer gehe es nicht. Noch dazu staatsnah, wodurch man von einer gewissen sozialen Ausrichtung ausgehen könne. Vielleicht, so seine Überlegung, könne man diesen Nichtsnutz dort unterbringen. Es sei ihm bewusst, dass es unter normalen Umständen mit so einem Zeugnis nicht möglich sei, aber ...

„Kein Wort mehr Hermann", sagte der Waffenhändler, und in seiner Stimme lag ein feierlicher Ton, „kein einziges Wort. Wenn du damals die Granate nicht in den Unterstand vom Iwan geworfen hättest, säße ich heute nicht hier. So etwas vergisst man nicht, wenn man Ehre im Leib hat. Natürlich helfe ich dir. Sei unbesorgt – wir werden ihn dort schon irgendwie unterbringen."

Heinrich war währenddessen stumm wie ein Ölgötze dagestanden. Als der Waffenhändler geendet hatte, wurde er angeherrscht, sich zu bedanken. Heinrich bedankte sich, doch befand der Vater, es sei nicht ordentlich gewesen. Heinrich bedankte sich erneut, aber auch dieser Versuch geriet nicht zur Zufriedenheit des Vaters. Heinrich solle gefälligst ein anderes Gesicht machen, Herrgott noch einmal!

„Schon gut", beschwichtigte der Waffenhändler, „schon gut Hermann. Er ist noch jung, er kann sich ändern, es wird noch alles werden. Eines Tages wird er wissen, was er an dir gehabt hat, und dir dankbar sein."

Nicht lange danach stand Heinrich vor dem Gebäude der Generaldirektion. Aus Angst, zu spät zu kommen, war er viel zu früh. Er trug einen alten Anzug, Vorkriegsqualität, in dem sein Vater einst sein Ingenieursdiplom entgegengenommen hatte. Der Anzug war Heinrich viel zu groß, er sah einigermaßen lächerlich darin aus. Und der Stoff war dick und kratzte. Ein richtiges Nessushemd.

Die Sonne schien, bereits bei seiner Ankunft war er in Schweiß gebadet. Der Portier erbarmte sich seiner, setzte ihn in den Empfangsraum, der mehr einer Empfangshalle glich. Und eben dort, nervös, verschwitzt und ängstlich, hat er ihn zum ersten Mal gesehen, Mondsperg, den Mann, der sein Leben verändern sollte.

Niemand, der für Parabellum arbeitete, ist an Mondsperg vorbeigekommen; am Generaldirektor Dr.hc. Dipl. Ing., Dipl. Volkswirt Mondsperg. In der Firma nannte ihn niemand so. Die Mitarbeiter sprachen immer vom *Alten,* wobei die Bezeichnung damals noch keinen despektierlichen Unterton hatte. Der Alte war in vielerlei Hinsicht erstaunlich. Nicht nur, weil er …

„Fertig!", ruft Herma.

„Sehr schön!", antwortet der Dozent. „Ich habe auch gerade ein Kapitel abgeschlossen." Er wendet sich zur Fensterseite. „Wie sieht es bei Ihnen aus?"

Frau Rottmann nickt eisig.

„Herr Függe?"

„Ich bin noch bei der Vorgeschichte."

Die Oberstudienrätin murmelt, dass man gut beraten wäre, die Kurse in Leistungsgruppen anzubieten. Nicht alle seien gleich, es gebe nun einmal unterschiedliche Begabungen.

„Oh. Erst bei der Vorgeschichte. Dann wird eine der Damen beginnen müssen. Frau Professor Rottmann, bitte."

Und während die Oberstudienrätin sichtlich ergriffen in langen, verschachtelten Sätzen von dem Unverständnis berichtet, das der kleinen Ratte von allen Seiten entgegenschlägt, und es sich schnell abzuzeichnen beginnt, dass Raphaela, darin an Jesus, Buddha und Mohammed erinnernd, kein Vorbild finden, aber Vorbild werden wird, macht sich Heinrich an die Beschreibung von Mondsperg.

Zwölfte Wahrnehmung

Das Gesicht des Alten ist ihm heute noch in einem Maße präsent, dass nach seinen Angaben ein Phantombild gefertigt werden könnte. Ein naturgetreues: Augen, Haare, Brauen, Ohren, Nase, Mund, das ganze Gesicht würde einer Fotografie um wenig bis nichts nachstehen. Mondsperg selbst hätte freilich eher von Antlitz als von Gesicht gesprochen.

Das seine spiegelte eine Neigung zu den diesseitigen Freuden wider, es war füllig und glatt rasiert. Das Haar dicht und meliert, all die Jahre gleichmäßig meliert, vielleicht ließ er es färben. Sein Blick entzog sich aller Deutungsmöglichkeit, da er starke, die Augen verzerrende Brillengläser trug. Außerdem pflegte er für gewöhnlich, in Schwaden von Rauch gehüllt zu sein. Selten, dass man ihn ohne Zigarre antraf.

Heinrich hatte ausgiebig Gelegenheit, sich die Züge einzuprägen. Bereits in der Empfangshalle, denn hier, wie in praktisch allen Räumen der Generaldirektion, hing Mondspergs Portrait. Es kam ihm nicht verwunderlich vor, auch in der Klasse hing das Bild des Bundespräsidenten. Letztlich, so dachte er, ist eine Firma nichts anderes als die Fortführung der Schule mit anderen Mitteln.

Den letzten Satz wird er streichen müssen. Preußische Generalfeldmarschälle kannte er als 15-Jähriger noch nicht. Die Lektüre von Moltke kam erst später. Eine der vielen Empfehlungen des Alten. Vielmehr Anordnungen: „Lesen Sie das und erstatten Sie mir in einer Woche Bericht!"

Das freilich lag damals noch in weiter Ferne. Er wurde zum vereinbarten Zeitpunkt von einem Mann mit Beamtengesicht abgeholt, der nicht unfreundlich wirkte, aber kurz angebunden war.

„Herr Függe?"

„Ja."

„Mein Name ist Orlik. Kommen Sie."

Der Mann führte ihn durch lange, labyrinthische Gänge. Einige Personen kamen ihnen entgegen. Es wurde gegrüßt. Heinrich fiel auf, dass neben den gängigen Formeln *Guten Tag* und *Grüß Gott* auch *Waidmannsheil* und *Waidmannsdank* Verwendung fanden. Sein Begleiter erklärte, dass im Haus eine *grundsätzliche* Grußpflicht herrsche. Der Rangniedrigere zuerst. Da es im ganzen Unternehmen keinen Rangniedrigeren gebe als ihn, sei Függe gut beraten, jeden laut und deutlich zu grüßen und ihn währenddessen mit *anständiger Miene* anzusehen.

Während Heinrich noch überlegte, was unter *anständiger Miene* zu verstehen sei, kamen sie zu einer Tür, auf der *Poststelle* stand. Als Nächstes, kann er sich erinnern, bekam er Arbeitsmantel und Krawatte ausgehändigt. Sie waren in der Firmenfarbe gehalten, Panamabraun, ein deprimierender Ton. Auf beiden Kleidungsstücken prangte der Schriftzug *Parabellum*.

Die Post war an diesem Tag längst verteilt. Nachdem er die Krawatte gewechselt und den Arbeitsmantel angelegt hatte, erhielt Heinrich ein Organigramm der Firma sowie einen Plan des Gebäudes. Er wurde angehalten, sich Namen und Lage der einzelnen Abteilungen und Stabsstellen einzuprägen. Er kann sie noch heute herunterbeten: Vertrieb, Innendienst, Materialwirtschaft, Vorstand, Produktentwicklung, Personalwesen, Buchhaltung, Propaganda. Propaganda, erklärte Orlik, hieße jetzt Werbung, aber die Bezeichnung habe sich intern noch nicht durchgesetzt. Függe werde zunächst die Postrunde begleiten, damit er von allem eine Ahnung bekomme. Dann werde man weitersehen.

Von einer kurzen Mittagspause abgesehen, verbrachte Heinrich den Rest des Tages vor seinen Papieren. Er kopierte sie, um sie sich besser einprägen zu können. Orlik ließ sich erst kurz vor Dienstschluss wieder blicken. Er stellte Heinrich einige Fragen, die dieser richtig beantwortete. „Recht gut, recht gut", rief Orlik anerkennend „da hatten wir schon schlechteres Material, weiß Gott." Sein Blick fiel auf Heinrichs Kopien.

„Die haben Sie angefertigt? Fleißig, fleißig. Zeigen Sie her."

Heinrich überreichte sie ihm, wie er es vom Vater gewohnt war, militärisch zackig.

„Sauber ausgeführt. Ich sehe, die Normschrift beherrschen Sie auch. Allerhand, allerhand!" Tatsächlich hatte ihm der Vater die Normschrift gut eingeprügelt. Tags darauf schob Heinrich den Postwagen durch die Gänge. Mit einiger Genugtuung erinnert er sich, dass Orlik ihn auf Nachfrage als jungen Mann vorstellte, der zu Hoffnungen Anlass gebe. Gutes Material.

Welches Mondsperg allerdings nicht zu Gesicht bekam, da die Post der Geschäftsleitung separat zugestellt wurde. Die erste Begegnung ergab sich zufällig. Heinrich war mit einem Eilbrief zum Leiter der Produktentwicklung geschickt worden. Der befand sich nicht an seinem Platz, sondern auf der Schießbahn im Keller. Er war nicht allein, neben ihm stand ein groß gewachsener, massiger Herr, der eben die letzten Kugeln aus dem Magazin feuerte. Kaum war der letzte Schuss verhallt, griff er nach der abgelegten Zigarre, nahm einen Zug, wobei er „Sie erscheint mir überaus leicht. Zu leicht." sagte.

Der Produktentwickler entgegnete, das sei durchaus beabsichtigt, die Zukunft gehöre dieser Art von Waffen, der moderne Mensch …

„Gewogen und für zu leicht befunden", unterbrach der Massige. „Stellen Sie sich vor, das Ding hat eine Ladehemmung. Dann sollte man es zumindest noch als Schlagwaffe verwenden können. Aber wenn Sie das Ding da jemandem über den Schädel ziehen – lachhaft, einfach lachhaft."

Heinrich beobachtete, wie dem Produktentwickler jedes Mal, wenn der Massige *Ding* sagte, ein Tic über das Gesicht lief.

„Es ist sehr unwahrscheinlich, dass die P 58 eine Ladehemmung hat, Herr Generaldirektor", meinte er schließlich.

Mondsperg klopfte ihm mit der Pistole auf die Schulter. „Unwahrscheinlich, aber nicht unmöglich.

Kennen Sie Russland in der Schlammperiode? Ich kenne es."

Er drehte sich um.

„Wer sind Sie? Was haben Sie hier zu suchen?!"

Heinrich nannte Namen, Abteilung, Auftrag und überreichte den Brief.

„Ah, ein neuer Pulveraffe. Haben wir nicht genug davon? Oder gab es Verluste, von denen ich nichts weiß?" Er lachte dröhnend.

„Es ist gut, Sie können gehen", sagte der Produktentwickler. Heinrich drehte sich um.

„Nein, der Junge bleibt. Haben Sie schon einmal mit einer Pistole geschossen?" Heinrich verneinte.

„Tatsächlich – noch nie geschossen? Das Pech der späten Geburt, wie? Dann ist es an der Zeit. Halten Sie das einmal." Er reichte Heinrich die Zigarre. An das Gefühl des speichelnassen Mundstücks auf seiner Haut erinnert er sich noch heute.

„Passen Sie auf. So wird geladen, so entsichert." Er demonstrierte es.

„Sehen Sie, es ist ganz einfach. Jeder Idiot kann das. Und jetzt machen wir einen Tausch. Zigarre gegen Pistole. Sind Sie bereit?" Heinrich nickte. Mondsperg steckte sich die Zigarre in den Mund, stellte sich hinter ihn, korrigierte die Haltung, indem er ihm unter die Arme griff. Heinrich spürte den Bauch des Mannes im Rücken, die Glut seiner Zigarre am Ohr.

„Jetzt konzentrieren Sie sich, visieren das Ziel an und schießen. Denken Sie dabei an jemanden, der Ihre Mutter bedroht. Oder Ihren Vater. Feuer frei!" Heinrich schoss.

Kurz darauf hielt der Alte dem Produktentwickler die Schießscheibe triumphierend unter die Nase. „Sehen Sie? Kein einziger Treffer. Wie ich sagte, das Ding liegt nicht schwer genug in der Hand. Nein, Grock, das ist lachhaft. Das ist höchstens als Requisit für Krimis zu verwenden. Darüber hinaus überzeugt es mich auch formal nicht. Der Griff sieht irgendwie billig aus. Nichts, worauf man den Schriftzug unserer Firma setzen möchte."

Er drehte sich um und entfernte sich gemessenen Schrittes.

Danach musste sich Heinrich, der nicht gut mit dem Generaldirektor gemeinsam aufbrechen konnte, noch eine Weile von Grock, der mit den Zähnen zu malmen begonnen hatte (und vermutlich gar nicht Grock geheißen hat, aber so ähnlich), böse anstieren lassen. Dabei wurde ihm klar, dass er in der Abteilung Produktentwicklung keine Karriere machen würde. Er war insgeheim froh darüber.

Zurück in der Poststelle fragte er seinen Vorgesetzten, was ein Pulveraffe sei. Der reagierte mit ungläubigem Staunen. Ob Függe tatsächlich Pulveraffe gesagt habe? Er kenne in der ganzen Firma nur einen einzigen Menschen, der diesen Ausdruck gebrauche, aber das sei nicht gut möglich, denn … Er vollendete den Satz nicht.

Der Herr Generaldirektor habe ihn so genannt, erklärte Heinrich.

„Sie sind Herrn Mondsperg begegnet?"

„Ja, unten im Keller."

„Sie waren mit dem Herrn Generaldirektor im Keller? Ja, was haben Sie dort gemacht?"

„Wir haben geschossen."

„Sie haben was?!"

Heinrich wiederholte den Satz.

„Sie haben mit dem Generaldirektor gemeinsam im Keller geschossen?! Ja, womit denn?"

„Mit einer P 58"

„Er hat mit dem General einen Prototypen eingeschossen", murmelte Orlik ehrfürchtig.

Heinrich schmerzt das Handgelenk. Er braucht eine Pause. Beim Zuschrauben der Füllfeder fällt ihm auf, dass Frau Rottmann noch immer vorträgt. Eine Weile hört er zu. Der Lebenspfad, dem die Ratte entlanghuscht, ist mit Leid und Pein gepflastert. Von Herzen würde man ihr wünschen, dass ihr bald ein weißer Schimmel entgegensprengt, auf dem ein Kammerjäger sitzt, der sie erlöst. Schwarzbachs Augen sind ganz klein. Von Zeit zu Zeit reibt er sie heftig. Der Dozent wäre jetzt gerne, wo Herma ist. Herma ist eingeschlafen. Und Heinrich? Heinrich sollte weiterschreiben. Die Erinnerungen sind gerade unglaublich klar.

Damals konnte er sich keinen Reim über das seltsame Verhalten von Orlik machen. Wie denn auch. Er wusste ja nicht, dass es zu den Eigenarten des Alten gehörte, abzutauchen. Er war dann nicht wirklich weg, da er seine Dienstwohnung in der Generaldirektion hatte, aber doch schwer greifbar.

In diesen Phasen telefonierte er viel, Ferngespräche, interkontinentale darunter. Die Kontinente wechselten; als Heinrich in die Firma eintrat, müsste es Südamerika gewesen sein. Die firmeninterne Kommunikation erfolgte in dieser Zeit weitgehend schriftlich. Manchmal auch handschriftlich. Das meiste freilich gedruckt: Handzettel, Rundschreiben, die epische Ausmaße annehmen konnten und mit deren Inhalt man besser vertraut war. Es gab damals sogar noch eine eigene Firmendruckerei im Haus, absurd.

Als höhere Charge bekam man manchmal eines dieser länglich-schmalen Kuverts zugestellt. Heinrich erinnert sich, dass die Empfänger in sichtbare Unruhe verfielen, wenn sie es auf ihrem Schreibtisch vorfanden. Jeder setzte sich, ehe er den Umschlag öffnete. Dabei war hinlänglich bekannt, was auf der vorgedruckten, mit *Mondsperg m.p.* unterschriebenen Karte stand.

Sie werden morgen um … zur Berichterstattung in Zimmer … gebeten.

Uhrzeit und Zimmernummer waren handschriftlich ergänzt. Die Uhrzeit variierte, die Zimmernummer nie. Zimmer 101. Die Nummerierung, so hieß es, habe der General selbst eingeführt. Niemand wusste warum. Zimmer 101 lag im dritten Stock, es grenzte an die privaten Räumlichkeiten Mondspergs und keiner, der vorgeladen wurde, berichtete im Anschluss, was darin vorging. Zumindest hat Heinrich nichts darüber gehört. Es war bis zu dem Zeitpunkt keiner darin gestorben. In den Monaten danach schon. Taborsky etwa, der wirklich schrecklich ausgesehen hat, als er zurückkam. Auch Möser und Zabransky – aber das waren Unfälle, Selbstmorde, Missgeschicke. Man wusste es nicht genau.

Jetzt hat Heinrich sogar die Farbe der Tinte wieder vor Augen. Ein Grünton, den er bei keinem anderen Menschen je gesehen hat. Und diese rätselhafte Abkürzung, *n.r.p.s.v.p.*

Er konnte damit nichts anfangen, bis ihm Orlik erklärte, dass man sie verwende, wenn man klar und deutlich keine Antwort wünsche. Was soll man auch schon groß antworten, wenn einen die Stimme ruft?

Er ist abgeschweift. Das Verschwinden des Alten war ein Zustand, der als unangenehm empfunden wurde, da man ihn nicht zu deuten wusste. Es war kein normales Verhalten. Folglich immer eine große Erleichterung, wenn der Generaldirektor seine Gedanken geklärt hatte und wieder in Erscheinung trat. Und bis dato waren die Entscheidungen, die er allein in seiner stillen Kammer gefällt hatte, immer für die Firma günstig gewesen.

Heinrich war damals im Keller Zeuge seines Auftauchens nach einem solchen Rückzug gewesen. Eine Begegnung, die Dinge in Bewegung setzte. Vielleicht hatte sich der Alte nach ihm erkundigt, vielleicht waren Orliks Auskünfte zufriedenstellend. Etwas in der Art. Was genau geschah, hat er nie erfahren. Jedenfalls wurde gefragt, ob er neben der Berufsschule hinaus Interesse hätte, abends, nach der Arbeit, Kurse zu belegen. Heinrich hatte ein Interesse, die Zeit, die er mit seinem Vater zubringen musste, möglichst kurz zu halten. Er sagte Ja. Die Postrunde war bald darauf Geschichte. Heinrich kam in den Innendienst, lernte Sprachen, Stenographie, Schreibmaschine. Er übte, bis seine Fingerkuppen taub wurden. Mit jedem Tag kam er der Entlassung aus der väterlichen Gewalt ein Stück näher. Mit jedem Tag wurde der Husten des Vaters schlimmer, sein Taschentuchverbrauch größer. Irgendwann waren Spital und Lungenheilanstalt nicht mehr vermeidbar. Summa summarum war es eine gute Zeit.

Er sollte das alles aufschreiben. Aber das Gelenk schmerzt noch immer. Auch der Rücken ist verspannt. Vielleicht wird er sich eine Heilpackung gönnen. Wenn die Dame gute Hände hat, auch eine Massage. Er hat eine Schwäche für Hände. Wo diese Frau Riefenbuck nur bleibt?

Dreizehnte Wahrnehmung

Frau Rottmann ist fertig. Raphaela hat sich zitternd in ein Loch verkrochen. Sie ist sehr tapfer, die kleine Ratte, und kann doch nicht verhindern, dass sie von Weinkrämpfen geschüttelt wird. Die Oberstudienrätin ist ergriffen. Verstohlen wischt sie sich eine Träne aus dem Auge.

„Anmerkungen?", fragt Schwarzbach. Heinrich schüttelt den Kopf. Herma schnarcht auf.

„Nein? Ich auch nicht. Herr Függe, sind Sie weitergekommen?"

Heinrich bejaht. Allerdings wolle er nicht vorlesen. Der Text sei ihm noch zu unstrukturiert. Er würde stattdessen für eine Kaffeepause plädieren.

Schwarzbach sieht ihn dankbar an. In diesem Moment schlägt Herma die Augen auf. „Wie geht's dem Ratz?", fragt sie gähnend.

„Schlecht."

„Das hört man gern. Aber wie gesagt: Ratzen sind zäh."

Der Kaffee ist getrunken. Die Oberstudienrätin hat kurz den Raum verlassen müssen, als Herma von ihren Kämpfen mit den Geschwistern um die Milchhaut erzählte. In ihrer Kindheit sei letztlich alles Essbare Gegenstand des Kampfes gewesen, namentlich Delikatessen wie Milchhaut. Es habe ja nichts gegeben. Seltsam, aber manchen grause es davor. Schon vor dem Wort. Dabei gehöre es doch zu den größten Genüssen überhaupt, ein Stück altbackenes Brot im Kaffee aufzuweichen und damit die herausgefischte Haut zum Mund zu führen. Eine herrliche Sache. Vor ein paar Jahren habe es doch diese Biographie gegeben von einer alten Bäuerin mit dem Titel *Herbstmilch*. Vielleicht wäre *Milchhaut* noch besser, wenn sie ein Buch über ihr Leben schreiben würde. Was der Herr Dozent dazu meine?

Der Titel würde sicher Aufmerksamkeit erwecken. *Milchhaut*, das merke man sich. Und darum gehe es letztlich. Schließlich würden jedes Jahr im deutschsprachigen Raum an die 90.000 Bücher erscheinen. Schwarzbachs Gesichtsausdruck wird düster. Bei näherer Betrachtung sei alles vollkommen sinnlos. 90.000 Titel! Zum überwiegenden Teil Dreck, hochgradiger Dreck! Jedes Jahr steige die Anzahl der Bücher, jedes Jahr sinke die Anzahl der Leser. Es sei an der Zeit, so etwas wie ein Liquidierungsprogramm für Autoren anzudenken. Die Zunft gehöre dezimiert.

Herma blickt ihn erschrocken an.

Das mit dem Dreck beziehe sich natürlich nicht auf Sie, sagt Schwarzbach verlegen. Er würde sich freuen, wenn ihr Buch geschrieben, gedruckt und ein Erfolg werden würde. Wirklich, das müsse sie ihm glauben.

Und tatsächlich ist Hermas Text virtuos; selten sind Verfall und Zerstörung eines Menschen eindringlicher geschildert worden. Dabei beginnt alles verheißungsvoll. Ein Jahrmarkt zum Fest des Kirchenpatrons, ein sehniger Jungbauer, der zum Tanz bittet, dann ins Bierzelt, dann – schon sehr animiert – zum Schießstand. Etliche Fehlschüsse. Eine Kunstblume als Trostpreis. Beim anschließenden Likörbudenbesuch steckt sie bereits im Dekolleté. Der Abend endet im Heustadel. Mit ihm der verheißungsvolle Teil der mütterlichen Lebensgeschichte. Sie erwacht mit einem schrecklichen Kater, gerafften Röcken und einem Lebkuchenherz, auf dem mit weißem Zuckerguss *Mein Prinz* geschrieben steht. Es ist angebissen. Der Prinz neben ihr übergibt sich. Auch ihr ist unsagbar übel.

Die Übelkeit kehrt wieder; sie ist schwanger. Er scheitert mit dem Versuch, die Vaterschaft abzustreiten. Freudlose Hochzeit, freudloser Einzug in das Haus des Mannes. Ein düsteres Haus. Von Anfang an Arbeit ohne Ende. *Und man kann nicht sagen, dass sie das Arbeiten nicht gewohnt war*, schreibt Herma. Ewige Konflikte mit der Schwiegermutter, die sie hasst, weil sie sich für den Buben, den einzigen Buben, eine ganz andere Partie vorgestellt hat. Schlechter hätte es der Bub nicht treffen können.

Die Schwiegermutter lässt sich, ohne wirklich gebrechlich zu sein, ihr Bett in die Nähe des Küchenherdes stellen. Von dort aus kommandiert und schikaniert sie die Mutter nach allen Regeln der Kunst. *Eine Schwiegertochter wie die*, so steht schon vor ihrem Einzug fest, taugt nichts, kann nichts, wird mehr kosten, als sie nützt. Außer der sauren Wiese und dem kümmerlichen Acker hat sie ja nichts eingebracht. Die Hexe, die ihr den einzigen Sohn genommen hat.

Der Sohn neigt der Meinung der Mutter zu. Es ist die Hölle.

Hermas Mutter wird über all den Schwangerschaften, Geburten und Missgeburten immer blasser und schwächer. Sie muss über das Kinderaustragen hinaus ja ununterbrochen, praktisch bis zur Niederkunft, arbeiten.

Gott sei Dank gibt es den sonntäglichen Kirchgang. Er ist eine regelrechte Erholung, weil man außer Aufstehen, Hinknien, Singen, Gebete sprechen, Kreuz schlagen und zur Kommunion gehen nichts machen muss. Dort kämpft sie gegen den Schlaf, blickt auf das Bild vom Martyrium des Kirchenpatrons und wispert, sie könne sich vorstellen, wie sich das anfühle.

So geht es weiter, Unglück reiht sich an Unglück. Eine weitgehend durchgängige Leidenszeit. Und der Tod kommt überraschend spät, zwei Tage nach dem Ableben des Mannes. Er hat sie, gibt sich Herma überzeugt, absichtlich angesteckt, um sie als Dienerin ins Jenseits mitzunehmen. Manche Lebensläufe seien eine einzige Ungerechtigkeit. Und sie habe sich gesagt, schon als Kind habe sie sich gesagt, dass sie nie, unter keinen Umständen, was auch immer da auf sie zukommen mag, so ein Leben führen möchte wie die Mutter. Vorher steche sie sich – sie deutet auf ihre Halsschlagader – hier hinein.

Als Herma das Volksschulheft zuklappt, sind alle gebannt. Sogar Frau Rottmann. Der Dozent weiß nicht, wo er in seiner Begeisterung anfangen soll. Er entscheidet sich schließlich für die Dramaturgie, weil alles mit einem Sommerfest voller Heiterkeit und Frohsinn einen so harmlosen Anfang nimmt. Mit bunten Lampions und Tanz und Alkohol und dann kippe es und kulminiere in der Vergewaltigung im Heustadel. Das sei großartig, einfach großartig.

Herma meint, also direkt vergewaltigt sei die Mutter nicht worden. Und allzu sommerlich könne es nicht hergegangen sein, nicht zu dieser Jahreszeit. Die Gegend sei rau.

Das Wort Missgeburten, fährt Schwarzbach unbeirrt fort, würde er durch Fehlgeburten ersetzen. Aber das seien Kleinigkeiten, dafür gebe es schließlich ein Lektorat. Er lektoriere übrigens auch fremde Texte. Schnell, professionell, preisgünstig.

Aber über weite Strecken müsse man gar nicht viel ändern. Der Text sei großartig, was einerseits am Stoff liege, aber auch an seiner meisterlichen Behandlung durch Herma. Allein die Beschreibung des Stocks, mit dem der Vater die Kinder züchtigte. Die Eigenart seines Wuchses, die abblätternde Rinde, der eingekerbte Spruch *Verficht dein Recht!* – das sei große Kunst. Oder sehe das jemand von den Herrschaften anders?

Der Dozent ist mit seiner Meinung nicht allein. Die Oberstudienrätin will den Namen des Kirchenpatrons wissen. „Oh! Der heilige Erasmus. Das ist gar nicht schön." Schwarzbach fragt nach der Art des Martyriums. Erasmus ist ausgedärmt worden. Schwarzbach ist begeistert. Dass sich die Mutter gefühlt habe, als ob ihr die Eingeweide aus dem lebendigen Leib gezogen werden, müsse unbedingt hinein. Was für ein Bild!

Herma sagt, na ja, so aufregend wäre das nicht, am Land sei man mit Därmen vertraut. Was sie nach dem Schlachten an Därmen habe spülen müssen; oft im eiskalten Wasser, weiß Gott. Eine ekelhafte Arbeit. Übertroffen nur noch vom Wursten. Sie selber habe ja nie Wurst gegessen. Schon als Kind nicht. Dafür wisse sie zu viel über die Herstellung von Brät. Man mache sich keine Vorstellungen davon, was da alles beigemengt werde. Als Faustregel könne man sich merken: je schärfer gewürzt, desto entsetzlicher.

Ördög, der in diesem Augenblick in den Raum tritt, bietet sich ein ungewöhnliches Bild. Er blickt in lauter angeekelte Gesichter. „Alles in Ordnung?", fragt er. Keiner nickt, niemand sagt Ja. Er habe nur Nachschau halten wollen, weil die Kurszeit schon überschritten sei. Und er müsse den Raum noch für einen abendlichen Vortrag herrichten.

„Was für ein Vortrag?", will Frau Rottmann wissen.

„Wege aus der Krise."

„Welcher Art?"

„Energiearbeit mit Edelsteinwasser. Hat jemand von Ihnen Interesse?"

Keiner hat Interesse.

Wegen des Abendessens gibt es eine Änderung. Vielleicht kommt jetzt etwas mit Wurst, hofft Schwarzbach. Leider nein: Der Koch ist weg, das heißt, verhindert, und es sei derzeit nicht absehbar, ob er zurückkommen werde oder nicht.

„Was hat er denn?", fragt Schwarzbach.

Ördög bleibt die Antwort schuldig.

„Würmer", denkt Herma, „sicher Würmer."

Neben dem Ausspülen von Därmen und der Bereitung von Brät gibt es ja nur wenig, was so ekelhaft ist wie eine Wirtshausküche. Sie könnte Geschichten erzählen, die lange Abende füllen würden. Aber sie will niemandem den Appetit verderben.

Der Koch ist jedenfalls nicht da, und das bedeutet, dass die Abendkarte null und nichtig, nur die Jausenkarte gültig ist.

Keine Erwähnung von Wurst. Schade, denkt Schwarzbach. Dann fällt ihm sein Gratismenü ein. „Ja und morgen?", fragt er.

Das werde man schon sehen, gibt Ördög barsch zurück, und überhaupt, er müsse jetzt gehen, manche hätten schließlich zu arbeiten.

Schwarzbach wendet sich an die Seinen. Er glaube, sagen zu können, dass man den ersten Tag gut hinter sich gebracht habe. In der Genesis werde zu Beginn Erde und Wasser geschieden, die Schöpfung nehme Fahrt auf. Das Bild scheine ihm auch deshalb passend, weil ... Herma entschuldigt sich mit dem Hinweis, dass sie aufs Häusl müsse. Die Oberstudienrätin zieht es zum Telefon. Sie hat der Person, die ihre Katze hütet, eine dringliche Mitteilung zu machen. Einzig Heinrich könnte noch, doch er macht sich nichts aus der Genesis. Mit einem freundlichen „Wir sehen uns bei der kalten Platte", verabschiedet er sich.

Zurück bleibt ein nachdenklicher Dozent. Milchhaut. Wurst. Vielleicht reift ein Essay über das Grauen.

Vierzehnte Wahrnehmung

Die Atmosphäre im Speisesaal ist angespannt. Immer wenn die Küchentür aufschwingt, hört man entsetzliches Fluchen. Ördög hasst Küchen als Orte, in denen er den größten Teil seiner freudlosen Jugend zubringen musste. Bei jeder neuen Bestellung ist er versucht, mit Fleischerbeil und Messer Amok zu laufen. Hauen und Stechen, bis sich im Speisesaal nichts mehr rührt. Danach eine Flasche Birnenschnaps wegen der Schuldunfähigkeit.

Dabei waren die bis dato eingegangenen Bestellungen bescheiden. Vom Tisch der Skulpteure weht ein kräftiger Bier-, Bratwurst- und Sauerkrautdunst. Als Sinnbild des Verzichts präsentiert sich hingegen die Tafel der Aquarellistinnen. Sie stochern in Salaten, die aus den Resten des mittäglichen Salatbuffets, harten Eiern und Dosengemüse komponiert zu sein scheinen. Die Zwiebacke, die sie dazu nagen, haben sie selbst mitgebracht. Eben zieht Frau Rottmann, die sich zu ihnen gesellt hat, eine Packung Digestivkekse aus der Tasche. Dieser verhärmte Zug um den Mund. Heinrich fühlt sich an Isolde erinnert. Er widmet sich der Jausenkarte. Sie atmet Schlachtgeruch.

Indessen kehrt der Gesangsverein des Ortes auf einen Abendschoppen ein. Kurz darauf eine Gruppe in scheußlich braunen Uniformen. „Sieht aus wie die örtliche SA-Gruppe", bemerkt Schwarzbach. Es ist aber nur die Freiwillige Feuerwehr. Herma erklärt die Unterschiede der Uniformierung. Schwarzbach schwärmt einmal mehr über ihre Schilderungsfähigkeiten. Allein die Beschreibung der Schulterstücke, Litzen und Knöpfe.

Herma meint, das sei keine Wissenschaft. Wo doch der Bruder bei der Freiwilligen Feuerwehr gewesen sei. Und bei der SA. Und wer habe die Uniformen bürsten, flicken und reinigen müssen? Sie natürlich. Und immer wäre alles zerrissen und angespieben gewesen. Saufen und raufen, er hätte halt sonst nichts können, der Bruder.

„Sagten Sie nicht, Ihr Bruder wäre bei der SS gewesen?", fragt Heinrich.

„Ja, später dann. Zuerst bei der Freiwilligen Feuerwehr, dann bei der Sturmabteilung, dann bei der Schutzstaffel." Er wäre nicht politisch gewesen, der Bruder, dafür war er zu dumm. Es ging ihm immer um die Uniform.

Der letzte Satz ist gut. Heinrich macht sich eine Gedankennotiz. Aufschreiben wäre besser.

Die Bedienung kommt mit dem Servieren kaum nach; bei den Skulpteuren, der Feuerwehr und dem Gesangsverein rinnt das Bier, dass es eine Freude ist. Ördög muss zu seinen Kochaufgaben nun auch noch an der Zapfanlage aushelfen. Er stürmt zwischen ihr und der Küche hin und her, hat weder Beil noch Messer in seiner Hand und wirkt doch gefährlich. Es dauert, bis sich die Bedienung dem Tisch der Schreiber nähert.

Schwarzbach bestellt Bratwurst mit Sauerkraut. Herma ist noch unschlüssig. Heinrich fragt, ob sie vielleicht bei ihm mitessen wolle. Er denke an eine Käseplatte. Doch Herma ist sich nicht sicher, ob sie als alte Frau spät am Abend noch etwas so Schweres zu sich nehmen sollte. Schließlich sei es kurz nach sechs. Ob eine Milchrahmsuppe nicht möglich sei. Die Bedienung verneint. Herma sinnt.

Vom Tisch der Skulpteure werden Rufe nach Bier laut. Desgleichen von der Theke, wo sich die Feuerwehr zusammengerottet hat. Der Gesangsverein stimmt *Ein Prost mit harmonischem Klange* an. Die Servierkraft kratzt sich den schuppigen Kopf mit dem Kugelschreiber. Herma bestellt nach einigem Überlegen zwei Semmeln und ein Viertel Rot. Recht so, meint der Dozent, das dionysische Element müsse gestärkt werden. „Mir bringen Sie bitte auch ein Viertel, oder Nein, gleich einen halben Liter." Heinrich fragt, ob es Pinot noir gebe. Die Servierkraft kann mit dem Begriff nichts anfangen. Heinrich bittet um die Weinkarte.

Die Wartezeit wird vom Dozenten mit einem Monolog über Wurst verkürzt. Er ist vom Gesangsverein musikalisch umrahmt und wenig stringent. Schon die Alten hätten gewusst, dass in den Gedärmen das Grauen wohne. Montaigne habe festgehalten, dass der Tod im Darm sitze. Von Bismarck stamme der berühmte Satz: *Je weniger die Leute wissen, wie Würste und Gesetze gemacht werden, desto besser schlafen sie.* All das spräche gegen die eben getätigte Bestellung. Aber in seiner Kindheit, die er wie praktisch alle Kinder vor ihm als unglücklich empfunden habe, hätten die Bücher vom Räuber Hotzenplotz zu den wenigen Lichtblicken gezählt. In ihnen seien Bratwurst und Sauerkraut positiv besetzt gewesen. Das habe ihn geprägt, irgendwie. Auch wenn das Gericht in Wirklichkeit nicht unproblematisch für ihn sei. Er neige zu Durchfall.

Herma auch. Sauerkraut gehe bei ihr gar nicht, da habe sie das Gefühl, es reiße ihr die Eingeweide aus dem Leib. Heinrich überlegt, ob es nicht klüger wäre, sich zu den Skulpteuren zu setzen, verwirft den Gedanken aber wieder, als von ihrem Tisch viehisches Gelächter dröhnt. Offenbar befindet sich ein Witzeerzähler unter ihnen.

Die Weinauswahl ist dürftig. Es gibt keinen Pinot noir, auch sonst keinen Burgunder. Heinrich ist verstimmt. Er bestellt Bier. „Dafür haben Sie mich die Karte holen lassen?", mault die Servierkraft. Schwarzbach, der in Windeseile zwei Gläser hinuntergestürzt hat, meint, er habe nie verstanden, weshalb man wegen Wein so viel Getue mache. Schließlich gehe es doch in erster Linie um die Wirkung und darum, am nächsten Tag möglichst keine Kopfschmerzen zu haben. Er selber habe nach langem Probieren im Diskonter einen ausgezeichneten Tropfen gefunden, zu einem Preis, wo man sich frage, wie das von den Herstellungskosten jemals funktionieren könne. Natürlich gebe es auch auf dem Gebiet des Bieres immer wieder Angebote, die sehr verführerisch seien. Aber das treibe zu sehr. Bier könne er, um ein schönes Wort von Herma aufzugreifen, eigentlich nur am Häusl trinken. Was für das Schreiben doch eher ungünstig sei. Wiewohl er einmal zu Beginn seines Schriftstellerdaseins von Durchfall geplagt auf einer jugoslawischen

Campingplatztoilette einen regelrechten lyrischen Schub gehabt habe. Vom Haiku bis zum Sonett sei ihm in diesem Typhusloch damals einfach alles gelungen, wirklich alles. „Ah – da kommt das Essen!"

Fünfzehnte Wahrnehmung

Wenn man Heinrich fragen würde, wie der restliche Abend verlaufen sei, könnte er nur ein unvollständiges Bild liefern. Erinnerlich ist ihm, dass die Lachsalven vom Nebentisch nicht abrissen. Der Witzeerzähler hatte ein unerschöpfliches Repertoire, wurde immer lauter, je schmutziger die Scherze wurden. Der Chor sang wacker dagegen an. Auch sein Repertoire war groß. Einige Lieder wären vom Verfassungsschutz als bedenklich eingestuft worden. Die Feuerwehrleute rauchten und tranken unfassbar viel. Die Käseplatte war wie erwartet. Holländische Massenware, mit sauren Trauben und ranzigen Nüssen garniert. Den schwarzen Fingerabdruck am Edamer hat er leider erst zu spät entdeckt, als dass er sie noch hätte zurückschicken können. Der Dozent verzehrte Heinrichs Reste sowie Hermas kaum berührte zweite Semmel mit gutem Appetit. Ansonsten hat er viel geredet. Desgleichen Herma, aber worüber, das könnte Heinrich nicht sagen.

Er war von dem Augenblick an, als über die diuretische Wirkung von Bier gesprochen wurde, in Gedanken beim Alten. Das hatte seine Gründe.

Die zweite relevante Begegnung mit Mondsperg stand im Zeichen ebendieser körperlichen Reaktion. Zu diesem

Zeitpunkt war er bereits drei Jahre in der Firma, hatte die Lehre zum Bürokaufmann mit ausgezeichnetem Erfolg abgeschlossen und stand kurz davor, übernommen zu werden. Zunächst nur befristet, doch hatte jegliche Form von Beschäftigungsverhältnis bei Parabellum den Wohlklang Weimarer Klassik. Als letzte Hürde war noch die ärztliche Untersuchung zu nehmen. Sie wurde von Heinrich lediglich als Formalakt empfunden, er fühlte sich gesund. Er sah damals gut aus, gerade gewachsen, athletisch, kein Gramm Fett. Ganz der Vater. Natürlich vor seiner Zeit in den russischen Bergwerken.

Der Betriebsarzt, ein massiger Mann mit Schmissen im Gesicht, schaute ihm in den Mund, dann wurde Heinrich gewogen, geröntgt, abgehorcht, abgeklopft, und währenddessen rauchte der Arzt in einer Tour. Abschließend wurde Heinrich Blut abgezapft, auf eine recht rohe Art, wie er sich erinnert. Und während er noch den Tupfer gegen die Einstichstelle presste, sagte der Arzt, dass er abschließend noch eine Harnprobe benötige. Da drüben – er machte eine Pause, um sich am Stummel der letzten Zigarette eine neue anzuzünden – stehe die Ente. Also die Urinflasche. Die könne er gleich hier benutzen – nur keine falsche Scham. Er blickte ihn spöttisch an. Heinrich drehte sich um.

„Mein Gott, wenn ich damals in Russland so zimperlich gewesen wäre, wäre ich nicht mehr hier!" Natürlich kam kein Tropfen, so sehr er auch presste.

„Haben Sie eine Blasenentleerungsstörung? Leiden Sie an Harnverhalt? Wurden Sie schon einmal katheterisiert?"

Heinrich verneinte.

„Haben Sie heute ausreichend Flüssigkeit zu sich genommen? Was haben Sie getrunken? Nur einen Bohnenkaffee zum Frühstück, wie? Dachte ich's mir doch. Nun, ich gebe Ihnen einen Rat: Lassen Sie den Kaffee. Das reinste Zell- und Nervengift. Schlecht für Herz und Magen." Er erhob sich ächzend, verschwand im Nebenraum. Heinrich hörte Ploppgeräusche, dann kam der Arzt mit zwei Flaschen Bier zurück. „Hier, trinken Sie. Sonst werden wir nie fertig."

Es bedurfte nur einer Flasche, ehe Heinrich die Ente im Angesicht des Arztes füllte. Unterdessen schwang die Tür auf, und Mondsperg betrat den Behandlungsraum.

„Was für ein Strahl! Davon können wir nur träumen, wie? Hören Sie, Doktor, ich brauche mehr von Ihrem Codein-Saft. Dieser elende Husten. Ausgerechnet jetzt, vor der Hauptversammlung." Er sog an seiner Zigarre.

„Und dann noch etwas gegen die Auswirkungen dieses verdammten Codeins. Gibt es denn gar nichts, dass gegen Husten hilft und nicht stopft?"

Heinrich schüttelte verschämt die letzten Tropfen ab.

„Von solchen Bresthaftigkeiten ist dieser junge Mann noch weit entfernt. Genießen Sie es, das Alter kommt schnell und ist beschwerlich. Ist es nicht so, Doktor?" Er wartete keine Antwort ab. „Wie sieht es aus? Auf Herz und Nieren geprüft? Alles in Ordnung?"

Der Arzt nickte. „Bis jetzt ja. Geben Sie mir die Ente." Er nahm das Behältnis, hielt es gegen das Licht, roch daran, schwenkte es hin und her. „Gekostet wird nicht?", fragte Mondsperg.

Der Arzt war mit dem Scherz vertraut. „So wie es aussieht, alles in bester Ordnung."

„Ausgezeichnet. Die Firma hat in den letzten Jahren nicht gerade wenig in ihn investiert. Es wäre schlecht gewesen, wenn das alles durch eine dumme Krankheit zunichtegemacht würde."

„Ein Rüstungskonzern ist schließlich keine Krüppelverwahranstalt", bekräftigte der Arzt.

Mondsperg stellte Heinrich anschließend noch einige Fragen. Das Gros seiner Antworten ging in den Hustenanfällen des Alten unter. Danach durfte er sich wieder anziehen und war entlassen.

Kurz darauf konnte Heinrich seinen Arbeitsvertrag in die Dokumentenmappe einheften. Dem Vertrag war ein Schreiben der Geschäftsleitung beigelegt, in dem von Tradition, Fortschritt, Ehre und Verpflichtung die Rede war.

Es kam auch ein Eilbrief mit der Mitteilung, dass der Vater verstorben war. Die Mutter besorgte Sekt und Brötchen, es gab eine kleine Feier. Beide waren bemüht, das Gespräch nicht auf den Toten zu bringen. Man wollte sich den Tag nicht verderben. Ganz ließ es sich allerdings nicht vermeiden. „In mancherlei Hinsicht bist du ihm erschreckend ähnlich", sagte die Mutter, als Heinrich Brotkrümel von der Tischdecke auflas, um sie am Tellerrand in geometrischer Form aufzulegen.

Der Vater hatte eine Bestattungsverfügung hinterlassen. Er wollte seine Asche von Kriegskameraden auf einen französischen Berggipfel ausgestreut wissen. Oder war es ein italienischer? Frau und Sohn waren vom

Begräbnis explizit ausgeschlossen. Einer Anweisung, der es nicht bedurft hätte. Dem *Ausstreuungsunfug*, wie es die Mutter nannte, wurde nicht Rechnung getragen. Dem Verbrennungswunsch schon, weil ein Erdbegräbnis teurer gekommen wäre als ein Urnengrab. Heinrich, der seine Mutter zum Bestatter begleitete, war über ihre Hartnäckigkeit erstaunt, mit der sie immer wieder nachbohrte, ob es nicht noch günstiger gehe. Der Einäscherungstarif war nicht verhandelbar, doch fand sich im Urnensortiment eine Mezzie aus grauem Muschelkalk. Sie war leicht abgeschlagen und von untalentierter Hand mit einer Landschaft bemalt worden, die man als Tiefebene deuten konnte.

Es gab auch ein Testament, eingebettet in eine mehrseitige Anklage gegen Frau und Sohn. Der es verlesende Notar meinte, er betreibe das Geschäft schon lange und habe schon unzählige Testamentseröffnungen abgewickelt, aber so etwas sei ihm noch nie untergekommen. *Zwei* beigelegte Gutachten über den klaren Geisteszustand des Erblassers, davon eines von einem Neurologen. Diese Energie, die manche im Angesicht des Todes noch entwickeln, sei erstaunlich, wirklich ganz erstaunlich.

Also er sage besser gleich, anfechtbar sei die Entscheidung seinem Dafürhalten nach nicht. Wenn jemand mit einer schweren, aber nicht infektiösen Form von Tuberkulose eineinhalb Jahre in der Lungenheilanstalt liege und in diesem Zeitraum kein einziges Mal von Frau und Sohn besucht werde, sei das schon ein Enterbungsgrund. Es sei denn, es wären gesundheitliche Beeinträchtigungen vorhanden – aber das scheine hier nicht der Fall zu sein.

Davon abgesehen die ganze Vorgeschichte – die vom Verstorbenen minutiös dokumentierten gröblich vernachlässigten familiären Pflichten, das in verwerflicher Weise zugefügte seelische Leid. Nach zehn Jahren Kriegsgefangenschaft nicht einmal vom Bahnhof abgeholt – um nur ein Beispiel zu nennen.

Erschwerend komme hinzu, dass der Erblasser die in seinem Eigentum stehende Wohnung dem Alpenverein vermacht habe. Gegen diese Entscheidung könne man natürlich Klage erheben, aber es wäre schade um die Zeit und das Geld. Gegen den Alpenverein gewinne man keine Prozesse. Nicht in diesem Land. Dann noch eher gegen den jüdischen Weltkongress.

Der letzte Satz ist ihnen verdächtig vorgekommen. Sie holten eine zweite Meinung ein und stellten fest, dass der Notar Unsinn geredet hatte. Auf einen verminderten Pflichtteil hatten sie sehr wohl Anrecht. Die Wohnung wurde taxiert. Sie lag im vierten Stock ohne Lift. Eine richtige Bergsteigerbehausung, der Verkehrswert war entsprechend. Man hätte sie halten können, doch war keiner von ihnen erpicht darauf. Die Wohnung atmete Unglück – es schien, als wäre der Geist des Verstorbenen präsent.

Heinrichs Mutter, die zu rauchen und Bridge zu spielen begonnen hatte, hielt sich, wenn sie nicht gerade arbeitete, die meiste Zeit im Kaffeehaus auf. Sie suchte und fand eine neue Bleibe in dessen unmittelbarer Nähe. Es war einer der wenigen Tage, an denen er sie wirklich glücklich gesehen hat.

Seine Wohnungssuche gestaltete sich als schwierig, auch, weil das Einstiegsgehalt bescheiden war. Letztlich wurde es das, was für seine Generation symptomatisch gewesen ist, ein möbliertes Zimmer. Seine Vermieterin, eine Witwe, war ein Roman für sich. Sie wirkte verbittert – und hatte Ursache, verbittert zu sein. Der Mann war im Ersten Weltkrieg am Isonzo, der Sohn im Zweiten in Stalingrad gefallen. Da es keine Gräber gab, die man besuchen und pflegen konnte, war die Wohnung eine einzige Andachtsstätte für Siegfried 1 und Siegfried 2. Die Atmosphäre war entsprechend.

Zudem existierte ein langer Katalog an Dingen, die unerwünscht waren. Musik, die Zusammenkunft mehrerer Personen, eine übertriebene Anwesenheit in der Wohnung. Heute, denkt Heinrich, würde sich das kein Mensch mehr antun. Damals hatte man keine Wahl.

Doch hatte ein Zimmer wie dieses auch Vorteile. Es spornte zum Fleiß an. Und fleißig ist Heinrich damals gewesen, weiß Gott. Es ist sogar so weit gekommen, dass er in seiner Abteilung von einigen Kollegen angefeindet wurde. Niemand liebt den Streber.

Das Leben, das er damals führte, war ziemlich eintönig. Eigentlich nicht viel anders als jetzt. Zwei Mal die Woche traf er die Mutter im Kaffeehaus auf ein Appetitbrot. Dem folgte eine Runde Bridge mit Damen, die er im Vergleich zu seiner Vermieterin als jugendlich empfand. Bei einer von ihnen verlor er seine Unschuld.

Sie hieß Agnes, war Schlesiendeutsche, lebensklug, wie viele Flüchtlinge. Die Liaison, von beiden Seiten mit Vernunft betrieben, wurde nie publik. Heinrich hat ihr einiges zu verdanken. Auch wenn es nicht sehr spektakulär ablief.

Ihr Jour fixe war der Donnerstag. Heinrich musste immer den Einbruch der Dunkelheit abwarten, ehe er sich mit tief ins Gesicht gezogenem Hut ihrem Haus nähern durfte. Agnes hatte ihm eingeschärft, peinlich darauf zu achten, dass er von niemandem gesehen wurde.

Sie war stets mit der Zubereitung von Mahlzeiten beschäftigt, wenn sie öffnete. Heinrich hat damals tiefe Einblicke in die schlesische Küche gewonnen, die nicht die seine gewesen ist. Zu viel Lebkuchen. Kopuliert wurde nach Tisch, wenn die Hirschberger Braunbiersuppe, das Schlesische Himmelreich mit süßer Sauce, das Zwiebel-Bauchfleisch, die Rouladen mit dem Breslauer Rotkraut oder was auch immer verzehrt worden waren. Im Anschluss etwas Konversation bei einem großzügig eingeschenkten Kräuterlikör und dann endlich die körperliche Vereinigung, die nie anders als bei gelöschtem Licht vollzogen wurde.

Heinrich hat ihren Leib als weich in Erinnerung, als etwas, worin man regelrecht versinken konnte. Er hat es als angenehm im Gedächtnis. Ganz anders als bei Isolde, wo man immer das Gefühl hatte, auf Knochen zu liegen. Wie in einem Beinhaus. Genächtigt hat er nie bei Agnes. Zwar hätte er gerne, doch das ließ sie nicht zu. Nie aber entließ sie ihren *Beitel* genannten jugendlichen Liebhaber, ohne ihm die Haare gerichtet und eine Tüte Bunzlauer Mandelgebäck zugesteckt zu haben, die er freitags dann unter seinen Arbeitskollegen verteilte. Heinrich ist zu keiner Zeit seines Lebens ein Süßer gewesen.

Sechzehnte Wahrnehmung

Er hat tief und traumlos geschlafen. Ist ausgeruht und frei von Schmerzen aufgewacht. Hat festgestellt, dass er schon lange nicht mehr mit einer solchen Erektion aufgestanden ist. Unter der Dusche denkt er an Jelena. Es ist eine sehr plastische Erinnerung. Wie lange ist das jetzt her? Dreißig Jahre, mindestens. Mein Gott …

Das Abtrocknen steht bereits im Zeichen des Parasympathikus. Doch noch immer fühlt sich Heinrich voller Elan. Es verspricht ein guter Tag zu werden.

Beim Frühstück schwelgt er in Butter, Weißgebäck, Speck und Eiern. Dinge, die zu Hause nicht gerade verboten, aber doch verpönt sind. Die Stille ist himmlisch. Der Dozent liegt wohl noch verkatert im Bett; desgleichen die Skulpteure. Die Porzellanmalerinnen geben sich den Freuden frühmorgendlicher Einläufe hin. Vermutlich auch Frau Rottmann. Und Herma? Herma entdeckt auf ihre alten Tage die Wonnen des Liegenbleibens. Zumindest stellt es sich Heinrich so vor.

Das Mädchen, das ihn mit Aufmerksamkeit bedient, war gestern noch nicht da. Sie ist bezaubernd. Ihre funkelnden braunen Augen, die Art, wie sie sich die Haare aus dem Gesicht streicht, ihr jugendlicher Körper, all das erinnert ihn an Jelena. Ohne dass es eines Wortes bedarf, bringt sie ihm die Zeitung. So jemanden hätte er heiraten sollen. Dann wäre sein Leben anders verlaufen. Ein Anflug von Wehmut, der durch die Anmut ihrer Bewegungen noch verstärkt wird.

Es bleibt die Zeitung. Gegen alle Gewohnheit lässt er Konflikte Konflikte sein und blättert zu der Seite mit dem Kreuzworträtsel. Eine römische Kriegsgöttin mit sieben Buchstaben ist der erste Begriff, den er in eine waagrechte Spalte einträgt. Bellona. Das Wort stimuliert ein Areal seines Gehirns, das Mondsperg vorbehalten ist. Schon ist er in Gedanken wieder beim Alten, zu dessen Angewohnheiten nächtliche Streifzüge durch die Gänge der Generaldirektion zählten. Manchmal ließ er dabei die Tür zu seiner Dienstwohnung offen. Dann hörte man etwas aus dem Ring, dirigiert von Knappertsbusch. Einen anderen ließ Mondsperg nicht gelten. Heinrich hat in späterer Zeit unter dieser Vorliebe einiges zu leiden gehabt. Nicht wegen Knappertsbusch im Speziellen, sondern wegen Wagner an sich. Er mochte Wagner nicht. Er mochte auch kein Schmalzbrot.

An diesem Abend war der Alte ohne Musikbegleitung unterwegs. Dass er das Zimmer betrat, in dem Heinrich saß, hatte vermutlich mit dem Licht zu tun, das unter der Tür auf den Gang schien. Heinrich war in Unterrichtsmaterialien vertieft. Er bekam die Anwesenheit des Alten erst nach einiger Zeit mit, muss, als er hochschreckte, den Eindruck eines Menschen gemacht haben, der bei etwas ertappt worden ist.

Mondsperg bedeutete ihm mit einer Handbewegung, wieder Platz zu nehmen, sagte, dass es seiner Erfahrung nach drei Gründe gebe, sich so lange nach Dienstschluss noch im Büro aufzuhalten. Entweder man sei mit der Arbeit stark im Verzug, dann sollte man sich fragen, ob man ihr gewachsen sei und nicht besser daran täte, einer anderen Beschäftigung nachzugehen. Oder man könne nicht nach Hause, weil es Verdrießlichkeiten mit der Frau gebe. Oder aber man betreibe auf eine empörend ungeschickte Art Betriebsspionage. Letzteres schließe er aus, da es in der Abteilung Personalwesen nichts auszuspionieren gäbe. Desgleichen die Frau, zumindest die Zwistigkeiten. Dafür erscheine ihm Herr Függe doch noch etwas zu jung.

Heinrich realisierte erst später, dass Mondsperg ihn mit seinem nicht an der Tür stehenden Namen angesprochen hatte.

Es war ein Donnerstag und damit eigentlich ein der schlesischen Küche und des Beischlafs gewidmeter Abend. Doch hatte ihm Agnes zwei Wochen zuvor eröffnet, dass sie all die Zeit in der Kartei eines Eheanbahnungsinstitutes geführt worden war. Und dass sie nun einen Herrn getroffen habe, nicht schön, nicht jung, etwas dick, ein richtiger Dickusch, aber Schlesier. Ein ungebundener Mann, der ihre Sprache spreche, verbeamtet noch dazu.

Sie möge ihren Beitel wirklich sehr, aber eine Zukunft habe die Geschichte mit ihnen beiden nun einmal nicht. Und deshalb würden sie sich heute zum letzten Mal sehen.

Agnes eröffnete ihm die Neuigkeiten ganz ohne Melodramatik. Ein schlesischer Abschied: Sie trug eine Schürze, auf der Fischschuppen klebten, da sie ein Karpfengericht zubereitet hatte. Er könnte nicht mehr sagen, ob dieser geschröpft gewesen ist. Doch weiß er noch, dass er in einer lebkuchenversetzten Sauce schwamm und er den Geruch noch lange in der Kleidung hatte.

Er wollte Mondsperg erklären, was er zu dieser späten Stunde im Büro noch trieb, aber in diesem Moment wird Heinrichs Erinnerung durch die Aquarellistinnen gestört, die mit der Oberstudienrätin im Schlepptau die Szene betreten.

Sie werfen dem harmlos bei seinem Kreuzworträtsel sitzenden Mann indignierte Blicke zu, ehe sie sich auf das arme, liebe Mädchen stürzen. Und während sie mit blökenden Stimmen auf das Mädchen einkeifen, weil es keinen Ahornsirup gibt und die Konsistenz des Haferbreis nicht so ist, wie sie zu sein hat, und Heinrich noch überlegt, ob er nicht eingreifen sollte, was er aber nicht tut, weil das Leben ihn gelehrt hat, dass sich Einmischungen nur selten auszahlen, hat Herma den Schauplatz betreten.

Was sie den Damen genau an den Kopf wirft, kann Heinrich nicht verstehen, da zeitgleich die Kaffeemahlmaschine in Betrieb genommen wird. Als die Bohnen fertig gemahlen sind, hat Herma den Damen die Leviten gelesen, das Mädchen an der Hand genommen und aus dem Bannkreis des Bösen geführt. Heinrich sieht, dass sie ihm begütigend über den Kopf streicht und etwas zu ihm sagt.

Was genau, kann er nicht verstehen, da sich in diesem Augenblick der Dozent in einen Sessel fallen lässt und ungefragt über seine Befindlichkeit Auskunft zu geben beginnt. Diese ist schlecht. Heinrich hat keine Lust auf Konversation. Ehe er sich empfiehlt, reißt er die Rätselseite aus der Zeitung. Schwarzbach blickt ihm verwundert nach.

Heinrich tritt verärgert ins Freie. Bald schon wird er wieder in diesem elenden Seminarraum hocken. Das Wetter ist herrlich, einer dieser klaren, windstillen Herbsttage, die man an den Fingern einer Hand abzählen kann. Ungeachtet der frühen Stunde ist es warm. Wenn die Sonne höher steigt, wird es richtiggehend heiß werden, dergestalt, dass man sich mit keinem Faden am Leibe der Liebe hingeben könnte. Er hat es erlebt. Wenigstens hat er schöne Erinnerungen. Ein Jammer, dass dieser Augenblick so unwiederbringlich dahin ist. Kein Mädchen wird sich mehr mit ihm am Boden wälzen, es sei denn, er würde dafür zahlen.

Heinrich blickt auf die Uhr. Noch eine knappe Stunde, ehe der Kurs beginnt. Der, so ahnt er schon jetzt, mit diesem angeschlagenen Dozenten schrecklich werden wird. Er möchte gar nicht wissen, was der gestern noch alles in sich hinein gesoffen hat. Sollte sich lieber neue Schuhe kaufen, der Sandler. Heinrich gerät in Wut. Dabei hat der Tag so wunderbar begonnen. Er muss retten, was zu retten ist, und das Kreuzworträtsel lösen. Erfahrungsgemäß wird seine Stimmung danach besser sein.

Doch kommt er wieder nur bis zur römischen Kriegsgöttin.

Er sollte lieber den abgerissenen Gedanken weiterspinnen. Der Alte ist wichtig, vielleicht die wichtigste Person in seinem Leben. Auf einer anderen Ebene: Jelena. Das ist ja das Komplizierte an der menschlichen Existenz, dass sie sich auf so vielen Ebenen abspielt. Man kann nicht alle gleichzeitig bedienen. Man muss Prioritäten setzen.

Er saß also an besagtem Abend in einem Büro der Abteilung Personalwesen und wollte Mondsperg erklären, warum er noch hier war. Der Alte winkte ab. „Das hat Zeit bis morgen. Ich erwarte Sie um 14 Uhr." Dann machte er sich ans Gehen. Schon halb in der Tür drehte er sich noch einmal um. „Zimmer 101."

Dieses Unbehagen, in dem er die Zeit bis dahin zubrachte! Und kein Mensch, mit dem er darüber hätte reden können. Zwar versuchte er es am darauffolgenden Tag, doch wandten sich alle erschrocken ab, als er erzählte, wo er hinzitiert worden war. Zimmer 101! Keiner von ihnen war je dort gewesen, keiner wollte hin. In ihrer Vorstellung war es ein Ort, von dem man an Geist und Seele irreparabel geschädigt wieder zurückkam.

Umso größer war Heinrichs Erleichterung über die leutselige Art, mit der ihm der Generaldirektor begrüßte. „Wie schön, dass Sie Zeit gefunden haben." Er deutete auf einen weiß gedeckten Tisch. „Setzen Sie sich! Sie haben doch nicht etwa schon gegessen? Es gibt Brathuhn – ich hoffe, Sie mögen Brathuhn?"

Ein dunkel gekleideter Herr, der aufwartete, fragte Heinrich, ob er Rot- oder Weißwein wünsche. Er wählte richtig, trank nur symbolisch und aß unter den aufmerksamen Blicken des Alten das Huhn so, wie man ein Huhn zu essen hat. All das geschah weitgehend schweigend.

Erst nach Tisch wurde Mondsperg gesprächig. Im Mokka rührend sagte er, dass man heute den 3. Juni schreibe. Ein besonderer Tag, wenn auch nicht nach dem Kirchenkalender. Der verzeichne nichts Besonderes; die üblichen Märtyrer sowie eine fromme Christin, die gelobt habe, sich ein Jahr lang nicht zu waschen. Wobei er seine Zweifel habe, dass dies für Katholiken eine wirkliche Buße darstelle.

Er lachte. „Sind Sie Katholik, Herr Függe?" Er kannte die Antwort.

Dann fuhr er fort, dass der römische Kalender ungleich Interessanteres zu verzeichnen habe. Es sei der Festtag von Bellona, der Göttin des Krieges und des Kampfrausches. Und er glaube, dass sich Herr Függe diesen Tag merken werde. Es verhalte sich nämlich so, dass man ihn schon länger beobachte und zu dem Schluss gekommen sei, dass er zu Hoffnungen Anlass gebe. Man habe sich daher gefragt, in welcher Position er dem Unternehmen am nützlichsten sein könnte. Personalwesen wohl nicht. Natürlich läge es ihm fern, sich einmischen zu wollen, und wenn Herr Függe an seinem jetzigen Platz zufrieden sei, möge er um Himmels willen bleiben und ihm das in aller Aufrichtigkeit sagen …

Heinrich, der zu träumen vermeinte, war keiner Antwort fähig.

Wenn seine Annahme, so der Alte, zutreffe – und davon gehe er eigentlich aus –, sei Függe in seinem

Umfeld besser aufgehoben. Er würde ihn als Sekretarius aufbauen. So etwas geschehe nicht über Nacht, darüber müsse er sich im Klaren sein. Eine Position wie diese sei eine mit harter Arbeit verbundene Vertrauensstellung. Sie setze ständige Verfügbarkeit voraus, wodurch es zu Abstrichen im Privatleben kommen werde. Des Weiteren die Bereitschaft zur ständigen Fortbildung. Tradition sei schön und gut, doch könne man à la longue nicht davon leben. Mit Vorderladern gewinne man keine Schlachten mehr. Er zündete sich eine Zigarre an.

Ob er an dieser Stelle aufhören solle? Er verstünde, wenn die Anforderungen decouragierend seien und Függe ablehnen wolle.

Heinrich erwiderte, er würde gerne mehr erfahren.

Der Kopf des Alten verschwand hinter einer Rauchwolke. Nun, dann könne er auf die angenehmen Dinge zu sprechen kommen. Függe werde viel von der Welt zu sehen bekommen und auf interessante Menschen stoßen. Oder, um bei der Wahrheit zu bleiben, auf Menschen mit Macht und Einfluss. Die Macht an sich sei in den meisten Fällen übrigens eher banal, die sie antreibenden Mechanismen simpel. Doch das führe im Augenblick zu weit. Wichtig erscheine ihm, festzuhalten, dass Függe bei dieser Tätigkeit tiefe Einblicke in die Natur der Dinge gewinnen werde.

Der Alte machte eine Pause, ehe er fragte, ob mit Függe zu rechnen sei. Heinrich sagte feierlich zu. Der Alte sah ihn nachdenklich an. Dann begann er über die Bedeutung von Pflichtbewusstsein, Gehorsam und

Selbstüberwindung zu reden, eine Trias, unabdingbar für seine neue Aufgabe. Und wie wichtig es für ihn wäre, zu wissen, ob Függe über diese drei Eigenschaften verfüge. Schließlich sei die Position dergestalt, dass er sich blindlings auf ihn verlassen können müsse.

Heinrich versicherte, er würde alles tun, das in ihn gesetzte Vertrauen nicht zu enttäuschen.

„Alles? Sind Sie sich dessen sicher?" Heinrich nickte.

„Und Sie wären bereit, auch schwierigen Anordnungen Folge zu leisten? Anordnungen, deren Notwendigkeit sich Ihnen vielleicht niemals erschließen wird?"

Heinrich nickte erneut.

„Nun, wir werden sehen." Mondsperg griff unter den Tisch, wo sich ein Klingelknopf befand. Der dunkel gekleidete Herr erschien.

„Slavata, es ist so weit."

„Sehr wohl, Herr Generaldirektor." Kurze Zeit später kam Slavata mit einem abgedeckten Korb zurück.

„Stellen Sie ihn hier ab. Es ist gut, Sie können gehen." Der Alte wartete, bis sich die Tür hinter dem Mann geschlossen hatte.

„Kommen Sie her, Függe. Sehen Sie sich das einmal an." Mondsperg entfernte das Tuch. Ein kleiner schwarzer Hund kam zum Vorschein. Er lag auf einem Polster und schlief.

„Nun wollen wir unseren Freund einmal aufwecken." Der Generaldirektor stupste den Welpen sacht an. Das Tier erwachte, drehte sich gähnend auf den Rücken, wobei es alle viere von sich streckend die Augen aufschlug.

„So ein kleines Wesen stimmt einen doch immer wieder optimistisch, nicht wahr?"

Mondsperg kraulte dem Hund den Bauch. Der Welpe gab wohlige Laute von sich. Der Generaldirektor lächelte. „Ich denke, es ist noch Huhn da. Bringen Sie ihm doch ein Stück. Achten Sie auf Knochenstücke. Hühnerknochen sind nicht gut für ihn."

Heinrich ging zum Tisch, griff zu Messer und Gabel.

„Sie können ruhig die Hände nehmen. Genieren Sie sich nicht, es geht einfacher mit den Händen."

Der Hund hüpfte vor Aufregung, als er das Huhn sah.

„Na los, geben Sie es ihm schon!"

Heinrich bückte sich. Der Welpe sah ihn an. Seine Augen strahlten. Er schnappte nach dem Fleisch, schlang es hinunter, leckte Heinrich wedelnd die Finger. Heinrich durchströmte ein Gefühl der Wärme. Er konnte nicht anders, er musste das Tier hochheben, an sich drücken und streicheln.

In diesem Moment wechselte der Generaldirektor den Ton. „Lassen Sie das! Geben Sie das Tier augenblicklich in den Korb!"

Heinrich tat erschrocken, wie ihm geheißen. Der Hund winselte.

„Wenn ich jetzt die Defenestration des Tieres anordnen würde, was würden Sie tun?"

Heinrich sah ihn verständnislos an.

„Gehen Sie zum Fenster. Öffnen Sie es!"

Heinrich gehorchte.

„Jetzt nehmen Sie den Hund!"

Heinrich zögerte.

„Nehmen Sie den Hund!!"

Heinrich nahm ihn hoch. Der Hund versuchte, ihm über das Gesicht zu lecken.

„Werfen Sie ihn hinaus!"

Der Welpe sah ihn aus riesigen Augen an. Heinrich musste sich abwenden. Er schüttelte den Kopf. Das konnte er nicht. Es gab Grenzen. Er machte einen Schritt weg vom Fenster, hin zum Korb.

„Was sagte ich über Gehorsam und Selbstüberwindung, Függe!?"

Einen Augenblick später war ein herzzerreißendes Jaulen zu vernehmen, dann schlug das Tier hart auf dem Kopfsteinpflaster des Innenhofs auf.

Siebzehnte Wahrnehmung

Im Seminarraum geht Schwarzbach nervös auf und ab. Herr Függe ist verschollen, und es ist nur noch eine Frage der Zeit, bis die Oberstudienrätin wieder einen ihrer Ausbrüche haben wird. Sie ist ohnehin ungnädig, weil der Serviertrampel dem Landtrampel Herma eine Milchrahmsuppe gekocht hat. Hat sich einfach erdreistet, für die Dauer von zwanzig Minuten, wenn nicht länger, in der Küche zu verschwinden. Ist danach mit einem dampfenden Teller herausgekommen, hat ihn vor Herma hingestellt, die besagte Suppe dann gekostet, gelobt und mit hörbarem Behagen zu sich genommen hat. Kaffee, hatte sie dem Dozenten zuvor erklärt, vertrage sie nicht, der zwicke im Magen. Außerdem habe sie nie verstanden, wozu man morgens, nachdem man ohnehin geschlafen habe, etwas zum Munterwerden brauche. Das sei doch lächerlich.

Noch sind die beiden Damen beschäftigt. Schwarzbach hat ihnen empfohlen, sich für ihr Buch ein Motto zu überlegen. Das sei so etwas wie ein Gedanke, der sich in vielen Werken vor dem eigentlichen Text finde. Meist ein Zitat aus einem anderen Buch, das den Leser auf das Kommende einstimmen solle.

Manche Autoren würden jedes einzelne Kapitel mit einem Motto versehen. Stendhal etwa. Das sei natürlich übertrieben. Ein Motto reiche vollkommen. Er selbst habe für *Werwölfe bei Tag* sehr lange gebraucht, etwas Passendes zu finden. Und das, obwohl ihm von Anfang an klar gewesen sei, dass er dem Buch einen Satz von Thomas Bernhard voranstellen werde. Er habe damals eine Bernhard-Phase gehabt, nah am Fetischismus. Die Schwierigkeit sei nun gewesen, dass der Roman von den beiden Leitmotiven Hoffnungslosigkeit und Scheitern getragen wäre. Und dazu gebe es sehr, sehr viele Sätze im Werk des Kollegen Bernhard. Mehr als zweihundert habe er schließlich ausgewählt und dann selektiert. Praktisch bis zur Drucklegung habe er gerungen und im allerletzten Moment *Alle Umwege führen in den Tod.* durch *Die Welt besteht nur aus Niederlagen und ernährt sich davon.* ersetzt.

Herma sagt, dass sie den ersten Satz besser finde. Der Dozent gibt ihr recht. Das sehe er mittlerweile auch so, er hätte noch einmal darüber schlafen sollen. Die Oberstudienrätin hat Schwarzbachs Vorschlag nichts abgewinnen können. Sie habe nicht vor, bei dieser Übung mitzumachen. Ein Kinderbuch brauche kein Motto. Sie werde stattdessen bei den Illustrationen weitermachen. Damit kann Schwarzbach leben.

Bedauerlicherweise dauert es keine fünf Minuten, bis Herma erklärt, fertig zu sein. Schwarzbach fragt, ob sie sich sicher sei, in so kurzer Zeit das Richtige gefunden zu haben. Das könne er sich offen gesagt nur schwer vorstellen.

Doch, sagt Herma, das habe sie. Es würden doch immer wieder diese beiden Freikirchler zu ihr kommen. Sie halte ja nichts von Religion, das sei alles Irreführung und im Fall von jener Freikirche eine besonders dreiste, weil diese armen Teufel ja gar nichts dürfen. Weder ein Gansl essen noch ein Glas Wein trinken, ja nicht einmal Kaffee. Was dabei herauskomme, sehe man bei Hitler, der habe auch so gelebt.

Aber leid würden sie ihr schon tun, und manchmal, wenn das Wetter schlecht sei, lasse sie sie zum Aufwärmen ein wenig in die Stube hinein. Dann würden sie die Bibel aufschlagen, ein paar Zeilen daraus vorlesen und lang und breit darüber reden. Das sei die einzige Freude, die diese Menschen hätten. Arme Teufel, wie gesagt.

„Und das Motto?", fragt Schwarzbach.

Das, erklärt Herma, stamme vom letzten Besuch der beiden: *Der Mensch, vom Weibe geboren, lebt kurze Zeit und ist voll Unruhe.*

Schwarzbach zeigt sich einmal mehr begeistert. Was für eine Aussage! Noch dazu von universeller Gültigkeit, man könnte sie jeder Biographie voranstellen. Ein besseres Motto sei schwer vorstellbar. Ob Herma ihm die genaue Stelle nennen könne?

Das kann sie nicht, verspricht aber, das nächste Mal zu fragen. Dazu müsse aber die Witterung entsprechend, also schlecht sein. Sie habe schließlich noch anderes zu tun, als sich dieses dummdreiste Geschwätz über die Freuden des Jenseits anzuhören, wo Wölfe und Lämmer gemeinsam weiden.

Danach herrscht Ratlosigkeit, wie es weitergehen soll. Die Oberstudienrätin ist mit den Lichtreflexen auf Raphaelas Tränen beschäftigt. Eine delikate Arbeit, die sie noch längere Zeit in Anspruch nehmen wird. Denn es wird viel geweint in ihrem Buch.

Tränen sind schwierig. Ein gutes Anschauungsmaterial böte der draußen an einem Baum lehnende, hemmungslos weinende Heinrich. Er denkt an das, was er dem kleinen Welpen angetan hat. Er weiß, dass der Ausbruch für jemanden, der Jahrzehnte in der Rüstungsbranche tätig war, lächerlich ist. Die von Parabellum hergestellten Waffen wiegen schwerer. Doch sind die damit Getöteten, Zerfetzten und Verkrüppelten weitgehend abstrakt. Ganz im Gegensatz zu diesem Hund.

Dieser 3. Juni 1961 hat sich ihm in einer Deutlichkeit eingebrannt, die beängstigend ist. Oder war es 1962?

Heinrich hat Mondsperg vor Augen. Wie er nach der Defenestration zum Fenster geht und hinunterblickt, ehe er nach Slavata klingelt, damit er *das wegmacht*.

Im Anschluss schenkte er Heinrich einen Weinbrand, sich selbst einen Cognac ein und begann über das zu erwartende Gehalt zu sprechen, das als z.b.V. Gestellter in Ausbildung nicht die Welt sein werde. Aber die Möglichkeiten, es auszugeben, seien ohnedies gering. Denn nun heiße es, lernen, lernen, lernen.

Noch befinde sich Függe in einem Alter, wo einem alles regelrecht zufliege. Zeit, die man nutzbringend verwenden müsse. Er habe in Erfahrung gebracht, dass Függe über den zweiten Bildungsweg die Matura anstrebe. Das sei lobenswert, zweifellos, aber in seiner neuen Position nicht notwendig, ja sogar kontraproduktiv. Wichtig seien jetzt ganz andere Dinge; er werde einen entsprechenden Plan ausarbeiten. Damit war Heinrich entlassen.

Im Vorraum traf er auf Slavata, der einen zugedeckten Kübel trug. Es dauerte, bis er aus den zugeraunten Worten „Mephisto wird Ihnen Glück bringen!" schlau wurde.

Heinrichs Tränendrüsen sind erschöpft. Das Zeitungsblatt ist durchweicht, die Tinte zerflossen, der Name Bellona nicht mehr lesbar. Das Kreuzworträtsel kann er wegschmeißen. Und der elende Kurs hat auch schon begonnen. Er muss los, sonst suchen sie ihn noch.

Zu Heinrichs Erleichterung wird sein verspätetes Erscheinen nicht weiter kommentiert. Herma strickt, Frau Rottmann malt, der Dozent blickt glasig ins Leere. Es hat den Anschein, dass es noch einige Zeit so weitergehen wird. Er wird sich noch ein paar Notizen zu Mondsperg machen. Beginnend mit dem Bildungsplan, der doch einigermaßen unkonventionell gewesen ist.

An praktischen Fähigkeiten gab es wenig nachzubessern. Die Schreibmaschine beherrschte er, desgleichen das Vokabular, dessen sich Mondsperg bei Geschäftsbriefen bediente. Man müsse, so sein Credo, die Dinge simpel halten. Das entspräche dem Ruhebedürfnis des Intellekts der Herrschaften, die in den Beschaffungsämtern des Heeres säßen. Und mit denen mache man nun einmal Geschäfte.

Ähnlich verhalte es sich mit den Vorständen der Jagdverbände. Jäger hätten unbestritten ihre Fähigkeiten. Teils erstaunlicher Natur, etwa, wenn es darum gehe, durch das Kauen von Tierlosung Rückschlüsse über die Befindlichkeit des Wildes zu ziehen. Auch auf dem Gebiet des Schnapses mache man einem Waidmann nicht so schnell etwas vor. Ansonsten empfehle sich auch hier eine sprachlich größtmögliche Schlichtheit.

Gleiches gelte für die Interessensvertreter der Waffenbesitzer. Eine Stumpfheit des Geistes, die ihresgleichen suche.

Den Führerschein befand Mondsperg als essentiell. Und wenn Függe schon den für Personenkraftwagen erwerbe, solle er doch gleich auch den für Motorrad und Lastkraftwagen machen. Das könne man immer brauchen, die Kosten übernehme der Fortbildungsfonds der Firma.

Er hat sich damals vor Dankbarkeit fast überschlagen. Die Dankbarkeit legte sich später, als er Mondsperg zu Unzeiten durch die Lande fahren musste. Der hatte zwar einen Chauffeur, aber „der Mann hat Familie. Darauf muss man Rücksicht nehmen. Außerdem sieht er in der Dunkelheit nicht gut. Nein, nein, in der Nacht möchte ich nur von Ihnen gefahren werden, Függe."

Auch sonst tat sich in seinem ersten Jahr als Sekretarius-Aspirant einiges. Der nicht abgeleistete Wehrdienst kam zur Sprache. Wenn es Függe in die Kaserne dränge, lasse er ihn natürlich ziehen, hatte Mondsperg gemeint. Dem Militär würden interessante Aspekte innewohnen. So sei der Heeresdienst etwa eine hohe Schule der Bedürfnislosigkeit. Das spiegle sich in fast allem wider: beim Sold, bei der Verpflegung, aber auch in Kleinigkeiten wie dem Umstand, dass der Fetzen, mit dem die Unterkunft und die Toiletten ausgerieben würde, gemeinhin ident sei.

„Also wie steht's – wollen Sie?"

Heinrich verneinte.

„Dann wären Sie gut beraten, mich mit dem Ministerium zu verbinden."

Heinrich weiß nicht, wer in seinem Fall bemüht worden ist. Wohl kaum der Verteidigungsminister persönlich, aber doch jemand aus dem Generalstab. Es mache wenig Sinn, so eine der ersten Lektionen des Alten, bei Subalternen vorstellig zu werden. Außer man habe lange Weile. Der Verbindung folgte eines dieser Telefongespräche, für die er Mondsperg immer bewundert hat. Der Alte hatte die Gabe, zu reden, er konnte Leute einwickeln, er bekam so gut wie immer, was er wollte. So auch Heinrich. Es dauerte keine fünf Minuten, dann war der Sekretarius unabkömmlich gestellt.

Die Ausbildung zum Schützen blieb ihm dennoch nicht erspart. Mondsperg verfolgte seine Übungen mit Aufmerksamkeit; *die Kenntnis der Waffen*, so zitierte er einen seiner Lieblingsautoren, *ist ein wahres Esperanto auf dieser unfreundlichen Welt*. Eine Zeit lang musste Heinrich täglich auf die Schießbahn, wo er stehend, liegend und auch kniend auf bewegte wie unbewegte Ziele schoss. Zur Enttäuschung des Alten erwies er sich sowohl an der Lang- wie an der Kurzwaffe als untalentiert. Zudem vertrug er den Pulverdampf nur schlecht.

Der Jagdschein schien der wichtigste Punkt in Mondspergs Ausbildungsplan. Es läge ihm fern, erklärte er, Függe drohen zu wollen. Das wäre auch lächerlich, einem erwachsenen Menschen könne man gar nicht drohen, aber wenn er die Prüfung nicht im ersten Anlauf mit Bravour schaffe, kehre er dorthin zurück, wo er angefangen habe, zum Postwagen nämlich. Und werde dort bleiben, zumindest solange er das Direktorat innehabe. Was dauern könne, er denke nicht daran, seinen Platz zu räumen. Ihn werde man einmal hinaustragen müssen. Der Jagdschein sei in ihrer Branche, wo ein ganz wesentlicher Teil der Kundenbindung und -pflege über das Waidwerk laufe, von essentieller Bedeutung. Ungleich wichtiger als eine Matura. Ausgenommen an einem humanistischen Gymnasium vielleicht. In der Position, die er einnehmen werde, müsse sich Függe auf diesem Gebiet auskennen. Er habe nicht vor, sich hier durch seine Mitarbeiter blamieren zu lassen. Ob das klar sei oder ob er deutlicher werden müsse?

Wenn Mondsperg das Mundstück seiner Zigarre zerbiss, war es ernst. So viel hat Heinrich über den Gemütszustand des Mannes damals schon gewusst. Folglich hat er für den Schein gelernt, als ob es um seine Seele ginge. Die Jägersprache stellte das geringste Problem dar. Sie machte ihm Spaß, weil ihr viele absurde Elemente innewohnten. Rauschgezeugte Wörter, wie es schien. Er lernte sie alphabetisch; A–H prüfte der Alte noch persönlich ab. Nachdem Heinrich weder bei *Aser*, *Affe*, *Geschleif*, *Gewaff*, *Grandeln* oder *Halsung* um die richtige Antwort verlegen war, nur bei *Hitze* ausließ, verzichtete er bei I–Z auf weitere Examen. Er verzichtete auch auf die Überprüfung der Fortschritte der roten Arbeit. In dem Kurs, den Heinrich besuchte, wurde großer Wert auf die Kunst des Aufbrechens gelegt. Es war ekelhaft. Eine besondere Abneigung empfand er gegen Enten, denen eiserne Haken in die Kloake gesteckt wurden, um ihnen das Gedärm herauszuziehen.

Auch sonst ist ihm nur wenig erspart geblieben. Wenigstens musste er am Tag der Prüfung die Losung nur dem richtigen Tier zuordnen und nicht kauen. Es war ein Schmalzmann. Fast hätte er Dachs gesagt.

In der Theorie war er mit Abstand der Beste, was ihm den praktischen Teil der Prüfung rettete. Wobei, ganz stimmt es nicht, denn beim Abschwarten am Galgen stellte er sich durchaus geschickt an. Aber das Schießen war knapp.

„Beginnen Sie mit Großwild", hatte der Chef der Prüfungskommission gemeint, als er Heinrichs Jagdschein unterschrieb, „Bären zum Beispiel. Am besten, wenn sie Winterschlaf halten." Alles lachte. Es war ihm egal. Er hatte die Befähigung, er musste nicht zur Post zurück.

Die Weinbrandflasche blieb an diesem Tag verkorkt. Es war einer der seltenen Anlässe, wo er von Mondsperg Cognac eingeschenkt bekam. Heinrich konnte keinen Unterschied bemerken.

Im Zuge einer Firmenfeier hat ihm der Alte dann coram publico das Firmenzeichen angesteckt. So etwas war schon ewig nicht mehr vorgekommen. Zuletzt bei Taborsky, dem jungen, hoffnungsvollen Mann aus der Entwicklungsabteilung, der später bei diesem tragischen Unfall ums Leben kam. Es hieß, dass er beim Taubenfüttern aus dem Fenster gestürzt war, und viel war darüber gerätselt worden, warum er dafür in den dritten Stock hatte steigen müssen.

Heinrichs Ehrung fand selbst in den Betriebsblättern Erwähnung. Und damit wussten auch die außerhalb der Generaldirektion tätigen Mitarbeiter, dass es einen Neuen gab, der von der Sonne Mondsperg'scher Gnade beschienen wurde.

Achtzehnte Wahrnehmung

Heinrich muss sich eingestehen, dass ihn seine Einschätzung getrogen hat. Der Seminarraum ist mitnichten elend. Die kaum wahrnehmbaren Aquarelliergeräusche der Oberstudienrätin, das Klappern von Hermas Nadeln, der unruhig vor sich hin dösende Dozent; all das schafft ein Setting, das dem Gedankenfluss günstig ist.

Es sind Rahmenbedingungen, in denen Großes gelingen könnte. Immer vorausgesetzt, sie würden anhalten. Was sie leider nicht tun, denn eben zerrt ein Mann am Seilzugstarter seiner Kettensäge, fünf weitere folgen seinem Beispiel und schon zerreißt das Geräusch von sechs Ottomotoren die kontemplative Stille.

Alle schrecken hoch. Schwarzbach nutzt den Lärm, um ihn schon geraume Zeit quälende, nur unter größter Kraftanstrengung zurückgehaltene Gase des Darms abzulassen. Sie entweichen mit der Gewalt olympischer Winde; es ist, als ob Boreas, Euros, Notos und Zephyros gleichzeitig von Zeus losgelassen worden wären. Und während sich innerhalb kürzester Zeit im Raum ein erbärmlicher Geruch verbreitet, denkt Schwarzbach, dass dies alles nicht passiert wäre, wenn als Kind

Karlsson vom Dach seine Lieblingslektüre gewesen wäre. Ein Buch, in dem nichts Blähendes gegessen wird, nur Zimtwecken. Kein Sauerkraut wie beim Hotzenplotz.

Es stinkt; es stinkt bestialisch. Schwarzbachs Gesicht hat eine Färbung angenommen, mit der man ihn in keinem Staat der Erde mehr einreisen lassen würde. Fände der Kurs im dritten Stock statt, Schwarzbach könnte für die Folgen seines Missgeschicks nicht garantieren. Vielleicht rettet ihn der Umstand der ebenen Erde in diesem Augenblick das Leben. Er ahnt, dass dem Sprung aus solchen Höhen mehr Mühe als Gewinn anhaftet.

Auch zeigt sich schnell, dass der Lärm von sechs Motorsägen störender wahrgenommen wird als der Gestank. Außerdem hat die Oberstudienrätin zu schreien begonnen. Man kann es nachempfinden: Sie hat den Pinsel in das Blatt gestoßen, das Gesicht der Ratte ist zerfetzt, der Ausdruck zerstört, alle Tränen dahin. Die Zeichnung ist verdorben. Mit ihr eine Schlüsselstelle des Werkes.

Herma hat lauschend und schnuppernd in ihrer Handarbeit innegehalten. Von den Sinneseindrücken stimuliert, legt sie die Stricknadeln beiseite, befeuchtet mit der Zunge die Spitze des Bleistifts und beginnt zu schreiben.

Bei Heinrich überwiegt die Wahrnehmung des Odeurs, wie seine Frau sagen würde. Vielleicht ist er zu höflich, um etwas zu sagen, vielleicht wohnt seiner Höflichkeit ein Element der Feigheit inne. Es ist nicht sonderlich relevant.

Dann hat es den Anschein, als ob die Scheiben erneut vibrieren. Es kommt vom Gebrüll Ördögs. Er ist außer sich: Ob sie denn alle vollkommen wahnsinnig geworden wären?! Er habe noch andere Gäste, die spät zu Bett gekommen seien und noch schlafen wollten!

Schwarzbach drängt es zum Fenster, das er hastig aufreißt. Der Lärm ist verebbt. Einen Moment lang ist es vollkommen still. Dann sind schlurfende Geräusche zu vernehmen. Die Skulpteure entfernen sich. Linde Herbstluft dringt in den Raum. Schwarzbach atmet tief ein: „Es ist ein außergewöhnlich schöner Tag. Wollen wir den Raum nicht verlassen und für die nächste Übung nach draußen gehen?"

Es gibt Einwände. Die Oberstudienrätin erklärt, jetzt wäre keine Zeit für Übungen. Immerhin sei hier durch äußere Gewalt ein Kunstwerk zerstört worden. Sie werde das mit diesem sogenannten Akademieleiter klären.

Man lässt sie gerne ziehen, begibt sich nach draußen, nimmt auf einer unter einer mächtigen Platane stehenden Tisch-Bank-Kombination Platz. Herma und Heinrich auf der einen, Schwarzbach auf der anderen Seite. Der Ort ist schön, desgleichen die Aussicht; ein weiter Blick über Wiesen, von Hecken gesäumten Feldern und Karpfenteichen. Irgendwo, tief in den Wäldern, wird mit Motorsägen gearbeitet, aber das beeinträchtigt die Idylle kaum.

Er wolle, sagt Schwarzbach, die Gunst des Augenblicks gerne nutzen, um einen biographischen Aspekt zu behandeln, der sich nur schwer in das Leben von kleinen Ratten integrieren lasse. Er spreche von Ehe und Partnerschaft. Wenn er es richtig verstanden habe, sei

Herma verwitwet und Heinrich verheiratet. Das treffe sich gut. Er würde sie nun beide bitten, die Augen zu schließen und sich in die Zeit zu versetzen, in der die erste Begegnung mit ihren späteren Ehepartnern stattgefunden habe.

Eine Reise zurück zum Anfang, dem, einem berühmten Vers zufolge, ja immer auch ein Zauber innewohne. Sie mögen sich verinnerlichen, was sie damals an diesem Menschen faszinierend und interessant gefunden haben. Nicht zu vergessen: begehrenswert.

Es sei eine schwierige Übung, das wisse er, denn über das Faszinosum der Anfangszeit lege sich nur allzu bald das Grauen der Realität und lösche es mehr oder weniger vollständig aus. Oder wie es Schopenhauer einmal formuliert habe: Die Leiber streben zueinander, die Seelen bleiben getrennt und alles endet im Unrat eines Hausstands. Er spreche da aus Erfahrung, er sei selbst einmal verheiratet gewesen. Vielleicht sei es bei Herma und Herrn Függe ja anders verlaufen, er würde sich freuen, wenn dem so wäre. Ihm selbst sei ein solcher Fall allerdings noch nicht untergekommen. Die Paare, in deren Leben er Einblick habe, glichen einander in erschreckender Weise. Die Männer würden ihre Frauen hassen, die Frauen ihre Männer ignorieren. Meist gebe es Kredite, die schon gemeinsam nur schlecht bedient werden könnten und eine Trennung verunmöglichen. Wie ja finanzielle Impotenz gemeinhin der wichtigste Faktor, die am stärksten verbindende Kraft sei.

Die Bilder dieser trostlosen Eigenheime, in denen das Drama seinen Lauf nehme, seien von frappierender

Ähnlichkeit. Die Männer säßen, umgeben von Relikten ihrer Jugend, in ihren Zimmern, meist Kellerstübchen oder schlecht isolierten Kammern unterm Dach, an den trostlosesten Orten, in Karikaturen von Herrenzimmern gewissermaßen. Nur um sich nicht dem Wahnsinn der Beziehung und des Familienlebens aussetzen zu müssen.

Die Frauen ergingen sich in düsteren Gedanken. Hoffnungsvolle Zukunftsszenarien fänden sich nur noch unter Einfluss von Psychopharmaka und Alkohol. In ihnen sei der Mann regelmäßig tot. Vice versa verhalte es sich nicht anders. Musterformen zwischenmenschlichen Scheiterns, ohne Ausnahme.

Der Dozent gibt einen verächtlichen Laut von sich. Er habe schon zu viel gesagt, er bitte um Verzeihung. Bei manchen Themen gehe es mit ihm durch. Vielleicht verhalte es sich bei Herma und Herrn Függe ja ganz anders. Er könne lediglich aus seiner Erfahrung heraus sprechen und er habe nicht viele soziale Kontakte.

Die Übung also laute: die erste Begegnung und die Anfangszeit mit dem späteren Ehepartner. Versuch einer Beschreibung der Faszination, die von Selbigem ausging.

Herma entgegnet, darüber könne sie nichts schreiben, keine einzige Zeile. Von ihrem Mann sei nichts Faszinierendes ausgegangen. Der Hein sei brutal, bösartig, körperlich abstoßend und verschlagen gewesen.

Aber, versucht der Dozent entgegenzuhalten, auch ein Mensch wie der Hein müsse doch etwas Einnehmendes gehabt haben. Irgendetwas …! Man gehe doch mit niemandem eine Beziehung ein, der einem in einem so hohen Maße missfällt.

Herma schnaubt. Im Gegensatz zu Schwarzbach kenne sie ihr Leben und wisse, wovon sie spreche. Ihr Mann habe nichts Liebenswertes an sich gehabt, gar nichts. Von sich aus hätte sie so einen wie ihn nie genommen. Aber der Hein habe sie sich fest eingebildet.

Wie der Hein plötzlich im Festtagsgewand aufgetaucht ist, eine Flasche Schnaps auf den Tisch gestellt und „Grubhofbauer, wir müssen reden!" gerufen hat, wäre vollkommen klar gewesen, was die Stunde geschlagen hat.

Da sei es erst einige Tage her gewesen, dass sie der Hein nach der Kirche unter einem Vorwand zum Friedhof gelockt hatte, wo er ihr brutal unter den Rock gegriffen und versucht habe, sie zu küssen.

„Sei net aso, es nutzt ja nix", habe er noch gesagt, als sie sich losriss. Aus seinem Maul habe es gestunken, schlimmer als vorher im Seminarraum. Ein richtiger Höllenrachen; überall schief im Zahnfleisch steckende schwarze Stümpfe. So ein immer blutendes, bräunliches Zahnfleisch. Schrecklich sei es gewesen. Und ihr Vater habe ja gar keinen Schnaps gebraucht, um Ja zu sagen. Letztlich ist sie verheiratet worden, zwangsverheiratet, als halbes Kind! Der Vater sei noch froh gewesen, sie ohne Mitgift aus dem Haus zu bekommen.

Herma faucht nun regelrecht. Es werde immer über Albanien geredet und wie furchtbar die Zustände dort seien, aber kein Mensch rede über die Zustände im eigenen Land. Die seien nämlich um nichts besser! Sie habe sich damals gewünscht, ein Mann zu sein. Nicht zum ersten Mal im Leben. Einem Mann passiere so etwas nicht. Das beginne beim Ausgreifen.

„Sie haben doch gar keine Ahnung!", entfährt es Heinrich. Er ist ganz erschrocken darüber – denn das, was ihm widerfahren ist, berührt Dinge, über die man nicht spricht. „Nicht in unseren Kreisen", würde die Schwiegermutter sagen.

Die Geschichte ist ewig her. Wenige Tage, nachdem ihm Mondsperg das Firmenzeichen angesteckt hatte, verlangte er, dass sich Függe einer Erste-Hilfe-Ausbildung unterziehen müsse. Heinrich war nicht in der Position, Mondsperg darauf hinzuweisen, dass er gerade zwei absolviert hatte, eine allgemeine beim Führer- und eine mit Schwerpunkt Schussverletzungen beim Jagdschein.

Der Alte ordnete an, er solle sich morgen nach Dienstbeginn beim Firmenarzt melden. Was Heinrich auch tat, und zunächst sprach das Gesicht mit der Säbelakne auch ganz normal über das taktische Verhalten am Unfallort, die Überprüfung der Lebensfunktionen und den Maßnahmen zur Wiederbelebung.

Dem folgte der praktische Teil. Der Arzt legte die Zigarette beiseite, sich selbst auf den Boden und rief: „Akuter Herzstillstand!"

Heinrich kniete sich neben ihn, sprach ihn an. Keine Reaktion. Er prüfte die Atmung. Der Arzt gab rasselnde Laute von sich. Heinrich begann mit der Herzmassage.

„Fester", rief der Arzt, „Sie müssen fester drücken!"

Nachdem er zwanzigmal fest gedrückt hatte, kam die nächste Anweisung: „Die Atmung ist ungenügend. Der Patient benötigt Unterstützung!" Heinrich stand auf.

„Was soll das?!", rief der Arzt.

Er wolle das Einstecktuch aus seinem Sakko holen, erklärte Heinrich, zum Abdecken.

„In Notfällen bedarf es einer raschen Atemspende – machen Sie schon! Es ist keine Zeit zu verlieren!"

Was dann geschah, ist sehr prominent in Heinrichs Buch der Demütigungen eingeschrieben. Natürlich hat er sein Möglichstes getan, die Beatmung mehr symbolisch als real durchzuführen. Mit gespitzten Lippen, etwa so, wie man einen Handkuss appliziert. Doch kaum hatte er in den weit geöffneten Mund des Arztes, dem ein entsetzlicher Geruch entströmte – Heinrich kann sich genau vorstellen, wie es bei Herma gewesen ist –, hineingehaucht, fühlte er eine Hand auf seinem Hinterkopf, die andere auf seinem Rücken. Der Arzt zog ihn auf sich, stülpte seine Lippen über die seinen, wühlte mit seiner unsäglichen Zunge in Heinrichs Mund.

Nah daran, vor Wut und Scham zu weinen, nah daran, sich vor Ekel zu übergeben, schaffte es Heinrich, sich loszureißen. Er stürzte hinaus.

„Vergessen Sie nicht, dass Ihnen niemand Glauben schenken wird!", rief ihm der Arzt hinterher.

Als ob er jemals mit jemandem darüber reden würde. Absurd, einfach absurd. Heinrich blickt sich um.

Weder der Dozent noch Herma haben seinen Zwischenruf wahrgenommen. Hermas Gesicht ist gerötet.

Sie habe, lässt sie Schwarzbach wissen, nicht vor, über ihren Mann auch nur eine einzige Zeile zu schreiben.

Schwarzbach knetet seinen Hemdkragen. Er verstehe, dass sich Herma dem Schrecken, der Furcht und dem Elend, die diese Verbindung bestimmt hätten, nicht mehr aussetzen wolle. Es sei nachvollziehbar, absolut, aber auch zutiefst bedauerlich. Denn es wäre ein interessantes Thema. Vor allem, wie sie es geschafft habe, sich zu befreien und an dem schrecklichen Mann nicht zu zerbrechen. So etwas würde das Publikum, das seiner Einschätzung nach zum überwiegenden Teil in unglücklichen Partnerschaften lebe, gerne lesen.

Lesen an sich könne man ja immer auch als Flucht aus einem als ungenügend empfundenen Leben interpretieren. Darüber hinaus gehöre Hermas Geschichte zu jenen, die es in sich hätten. So gesehen wäre es geradezu eine Sünde, wenn Herma sich dem Stoff verweigere. Allein dieser Anfang auf dem Friedhof, an einem Ort, wo Beziehungen normalerweise ein Ende fänden. Ein Alleinstellungsmerkmal für sich.

Heinrich widerspricht. Ganz so verhalte sich die Sache nicht; er selbst habe seine Frau auch auf einem Friedhof kennengelernt.

„Von Untoten umgeben, wie es scheint", sagt Schwarzbach. „Und keine einzige Silberkugel mehr im Lauf. Es würde auch nichts nützen, Sie gehören ja zur Gruppe der Wiedergänger, nicht der Werwölfe. In Ihrem Fall müsste man einen Pfahl durch das Herz treiben. Stellen Sie sich vor, wie herrlich das wäre: zu Staub zerfallen. Ewige Ruhe, ewiger Frieden. Nie wieder schreiben zu müssen."

Den letzten Satz spricht er mit unendlicher Trauer. Wie das Gespenst von Canterville, das nach dreihundert Jahren nur noch eines will: schlafen.

Schwarzbach lacht heiser. „Das sind Wunschträume. Für mich werden sie nicht in Erfüllung gehen. Für keinen mit einem abgebrochenen geisteswissenschaftlichen Studium gehen sie in Erfüllung. Sie hingegen sind frei! Allerdings nicht hier. Hier haben Sie zu schreiben. Und dazu bekommen Sie sogar eine Regieanweisung. Sie gehen jetzt zu ihren Beziehungsanfängen zurück, zurück auf die Friedhöfe. Den Zauber können Sie weglassen. Wenn es keinen gibt, muss man ihn nicht dazudichten. Kein unnötiges Wort. Weglassen ist ja die eigentliche Kunst beim Schreiben. Sie widmen sich jetzt ihrem Text, ich widme mich meinem. Und werde dabei voll Sehnsucht von der Jungfrau träumen, die mich mit dem Pfahl erlöst. Im Gegensatz zu Ihnen. Sind Sie bereit?"

Der Dozent klappt den Laptop auf. „Oh, der Akku. Ich brauche eine Steckdose. Bevor ich gehe – wissen Sie, dass es manchmal hilfreich ist, über sich in der dritten Person zu schreiben?"

Neunzehnte Wahrnehmung

Ehe sie sich an die Arbeit gemacht haben, hat Herma noch angemerkt, dass der Dozent um vieles entspannter wirke, wenn die spinnerte Goaß nicht da sei, was Heinrich nur bestätigen konnte. Auch, dass der Beruf des Schriftstellers kein schöner sein könne, wenn der Herr Schwarzbach so düster darüber rede.

Der habe freilich keine Ahnung, was Arbeit sei, der mit seinen Füllfeder haltenden, Buchseiten umblätternden Händen. Für den wäre ja schon das Betätigen der Tastatur eine Arbeit. Und selbst die scheine er zu scheuen, er schreibe ja praktisch nichts. Sie wolle jetzt nichts Schlechtes sagen, weil sie diesen seltsamen Kauz auch irgendwie möge, aber er sei durch und durch faul.

Ob das Herrn Függe, ach was, jetzt sage sie einfach Heinrich zu ihm, auch schon aufgefallen sei? Nein – *Heinrich* sage sie nicht. Alles, nur nicht Heinrich. Der Ihrige habe so geheißen. Heinrich, genannt Hein. Das seien Namen, die sie nicht gerne ausspreche. Ob er nicht noch anders heiße?

„Hans", sagt Heinrich. Über Hermas Züge legt sich ein verklärtes Lächeln.

Dann beginnen beide zu schreiben, Herma aufrecht sitzend, Heinrich in die linke Hand gestützt. Hermas Geschichte ist in groben Zügen bekannt. Heinrich notiert seinen ersten Satz, an den sich ohne Stocken ein zweiter fügt, daran ein dritter und so weiter und so fort.

Es fröstelt ihn und es fröstelt die meisten von uns, wenn wir lesen, dass die erste Begegnung mit seiner künftigen Frau an einem nebeligen, kalten Novembertag stattgefunden hat. Was ihm Omen genug hätte sein müssen, nach fünf oder sechs Jahren im Dienst von Mondsperg. Wo er schon wusste, was ein Omen ist.

Er war am Vorabend vom Alten instruiert worden, wegen des Leichenbegängnisses eines mit Parabellum verbundenen Geschäftspartners Trauerkleidung anzulegen. Daran war nichts Ungewöhnliches. Heinrich war praktisch von Anfang an zu Begräbnissen mitgenommen worden.

„Prädestiniert", hatte der Alte gesagt, „Függe, Sie sind prädestiniert. Sie haben einen ernsten Blick, eine anteilnehmende Miene, der schwarze Anzug kleidet Sie ausgezeichnet."

So hatte er auch diesmal im Zigarrenrauch des Alten den Wagen zum Friedhof gefahren. Der Alte war mitteilsam, er erzählte von einer *außergewöhnlichen Erfindung*, die nun Serienreife erlangt habe und auf den Markt gekommen sei. Ein Autoradio mit der Fähigkeit, Musikkassetten abzuspielen. Függe möge sich doch einmal die daraus resultierenden Möglichkeiten vor Augen halten. Allein, wenn er an das kommende Jahr denke, an all die Fahrten zu den Waffenmessen. Wo er doch kein Radio möge, auch wenn er ab und an im Funk zu Themen der Rüstung spreche. Der Funk sei unbestritten wichtig zur Unterhaltung und Zerstreuung der Bevölkerung. Aber meistens wäre das Gesendete doch nur eine Bedienung der Massen auf unterstem Niveau. Nein, er erwäge ganz ernsthaft den Einbau einer solchen Gerätschaft. Die ganze lange Autofahrt hindurch den Ring! Natürlich von Knappertsbusch dirigiert. Man käme dann nicht wie sonst zu Tode erschöpft, sondern wie frisch aufgeladen an. Wie nach einer Spritzenkur! Und auch Függe würde profitieren. Wagner sei gewaltig. Darin ähnlich einer Geburt. Näher könne man dem Wunder des Werdens als Mann nicht kommen.

Ja, er werde es tun. Függe solle noch heute an die Beschaffungsstelle schreiben, sich mit der Gerätschaft vertraut machen und die Platten, die er ihm vorlegen werde, auf Kassetten überspielen.

Heinrich nickte ergeben.

Es war eine überschaubare Trauergemeinschaft. Fast ausschließlich Männer, manche mit Sonnenbrillen. Die Beileidsbekundungen wurden von einer sich unbetroffen gebenden Dreiergruppe entgegengenommen: ein aufgedunsener, kahler Mann, Typus Großneffe – er musste Jäger sein –, denn Gattin und Tochter, beide hager und spitznasig, waren mit Grandlschmuck behängt.

Mondsperg hatte ihn von der Kondolenz dispensiert und beauftragt, stattdessen die Schleifen des Firmenkranzes zu richten. Schließlich sei es nicht Sinn der Sache, teures Geld auszugeben, wenn keiner wisse, wer das Opfer auf sich genommen habe.

Heinrich ordnete also die Schleifen. Nun konnte jeder lesen, dass sich Parabellum dem teuren Geschäftspartner über den Tod hinaus tief verbunden fühle und ihm ein ehrendes Andenken bewahren werde.

Die Tochter schien währenddessen auf ihn aufmerksam geworden zu sein. Zumindest sah sie ihn an. Ihr Blick war der einer Kurzsichtigen. Sie nickte ihm leicht zu, ehe sie die nächste Kondolenz entgegennahm.

Dem folgte das Leichenbegängnis, er knapp hinter Mondsperg, dem er am Grab die Schaufel mit Erde reichte, dabei hoffend, nicht allzu sehr den Eindruck von dem zu erwecken, was er war. Ein Subalterner. Zwar mit vielen Begabungen, denn er vereinigte mittlerweile die Rolle des Kammerdieners, des Chauffeurs, des Sekretarius und des Leibwächters in einer Person, aber doch ein Subalterner.

Dispensiert wurde Heinrich auch vom Leichenschmaus. „Ich benötige Sie nicht", hatte der Alte gesagt, „warten Sie im Auto, machen Sie einen Spaziergang, tun Sie, was Sie wollen, aber holen Sie mich in anderthalb Stunden wieder ab."

Er hat sich ins Auto gesetzt, um zu lesen, gab das Unterfangen aber bald wieder auf. Eine Zeit lang starrte er durch die Windschutzscheibe in den Nebel, bis er sich schließlich einen Ruck gab und ausstieg. Kurz überlegte er, sich in das Restaurant zu begeben, ließ den Plan aber gleich wieder fallen. Der Alte hätte es nicht ästimiert, ihn dort zu sehen.

Die Gegend war schnell erkundet. Sie war öde, Wohnhäuser, Steinmetze, Funeralfloristik, eine Bude, in der eine zusammengeschrumpelte Alte inmitten räudiger Stofftiere saß, die Kerzen verkaufte. Es blieb nur der Friedhof, um die Zeit totzuschlagen.

Langsam ging er die Reihen entlang. Dabei fiel ihm auf, dass sich auf etwa jedem siebenten Grab das Wort „Unvergessen!" fand. Er war mit der Entzifferung der Inschrift eines dieser Unvergessenen beschäftigt, als sie sich näherte. Eigentlich hätte er ihre Schritte im Kies hören müssen. Das hat er aber nicht. Sie stand plötzlich neben ihm.

Er ist sich nicht sicher, ob sie ihn angesprochen hätte, wenn er vor einer schlichteren Grabstätte gestanden wäre. Sie war aber das Gegenteil davon, eine dieser pompösen byzantinisch bürgerlichen Geschmacklosigkeiten, von denen Céline in seiner *Reise ans Ende der Nacht* geschrieben hat. Einer der vielen nicht enden wollenden Schwarten, dessen Lektüre ihm der Alte aufgezwungen hat.

Er stand vor dem Grab. Den Namen des Toten hat er vergessen, nicht aber, dass dieser *Privater* und *Realitätenbesitzer* gewesen war. Auch nicht, wie neidisch er dem Toten sein Leben gewesen ist. Auf seine mühelosen erworbenen Einkünfte. Auf die Möglichkeit, keinem Brotberuf nachgehen zu müssen. Auf die Selbstbestimmtheit einer solchen Existenz. Man kann sagen, dass er in keinem emotional stabilen Zustand gewesen ist, als sie ihn ansprach.

Das ist ja auch so eine Sache, die er nie verwunden hat. Dass sie ihn angesprochen hat, nicht er sie. Dieses huldvolle: „Ich sehe, Sie mögen Trauerfeiern ebenso wenig wie ich. Kommen Sie. Begleiten Sie mich ein Stück."

Er war verwirrt mitgegangen, gerade, dass er es schaffte, sich vorzustellen. „Wie klein die Welt doch ist," sagte sie. „Papa jagt mit Gewehren von Parabellum. Sind Sie Jäger? Nein wirklich? Wie schön! Und was ist Ihnen zuletzt vor die Büchse gekommen? Nein wirklich? Sie müssen Papa kennenlernen. Unbedingt! Er hat auch erst vor sechs Wochen … nein, warten Sie, wir müssen in diese Richtung."

Beim Gehen befreite sie sich von den silbergefassten, am Ohr schaukelnden Grandln, wobei sie ihm anvertraute, dass sie von dieser Art von Schmuck nicht allzu viel halte. Aber Papa wäre tödlich beleidigt, wenn sie ihn nicht wenigstens bei familiären Feierlichkeiten anlegen würde. Die bei ihnen ja meistens Begräbnisse wären. Wie jetzt bei Onkel Skander. Die Familie sei alt, in jeder Hinsicht. Aber sie rede und rede und lasse ihn Armen gar nicht zu Wort kommen.

Heinrich sprach ihr sein Beileid aus.

„Das müssen Sie nicht", sagte sie, „es war nur ein angeheirateter Großonkel, von der Blutlinie her kein Teil der Familie. Deshalb liegt er auch nicht in unserem Grab. Sehen Sie? Da vorne ist es schon. Sektion 6 Gruft 66. Leicht zu merken."

Es war eine imposante Gruft, neugotisch, altes Geld. Sie hat Heinrich beeindruckt. Eine, wie zu lesen war, Fabrikantenfamilie, die augenscheinlich schon in den 1870er-Jahren etwas dargestellt hatte. Deren Nachfahren sich als Private und Realitätenbesitzer so mühelos durchs Leben bewegten wie die neben ihm stehende Isolde Gründler, die eben erklärte, dass sie immer wieder herkomme, um „den Ahnen ihre Referenz zu erweisen".

Und Heinrich dachte, er müsse in diese Kaste der Besitzenden hinein, koste es, was es wolle. Er ist wie gesagt an diesem Tag emotional instabil gewesen.

„Sie waren bei den Ihren?", fragte sie.

Er verstand nicht gleich.

„Das Grab. War das nicht das Ihrer Familie?"

Heinrich log etwas von „entfernter Verwandtschaft".

„Ja und die nähere?"

„Mein Vater ruht in fremder Erde", antwortete er ausweichend.

„Oh! Das ist ja schrecklich!", meinte Isolde, legte ihre Hand auf seinen Arm und sah ihn mit großen Augen an.

Zwanzigste Wahrnehmung

Ein Wind ist aufgekommen. Man würde sich jetzt nicht mehr nackt am Boden wälzen wollen, auch nicht mit einer schönen, jungen Frau. Heinrich hat zu schreiben aufgehört. Wozu das alles? Für wen? Er steht kurz davor, die Blätter zu zerreißen, als Schwarzbach angerannt kommt.

Sie müssten *sofort* von dieser Platane weg, das seien *gefährliche* Bäume! Ödön von Horváth sei von einer Platane erschlagen worden!

„War es nicht eine Kastanie?", fragt Heinrich. Nein, insistiert Schwarzbach, eben nicht, es war eine Platane!

Herma meint, sie kenne solche Unglücksfälle mit Lärchen, Fichten und Buchen. Ulmen nicht zu vergessen, aber Ulmen gäbe es keine mehr. Wieder eine Gefahr weniger. Die Jungen hätten es leichter.

„So kommen Sie schon!", ruft der Dozent.

Noch vor Betreten des Seminarraums wird klar, dass die Geschichte mit dem gefährlichen Baum nur ein Vorwand war, sie zurückzulocken. Zurück an einen Ort, der sich zwischenzeitlich in eine Kampfzone zwischen dem Akademieleiter und der Oberstudienrätin verwandelt hat. Beide Konfliktparteien haben offenbar versucht, den

Dozenten auf ihre Seite zu ziehen. Eine Situation, mit der Schwarzbach überfordert gewesen zu sein scheint.

Zumindest liegt die Schlussfolgerung nahe, denn Heinrich und Herma werden, kaum, dass die Tür hinter ihnen ins Schloss gefallen ist, als Alliierte umworben.

Den Anfang macht Ördög: „Bitte, meine Herrschaften, sagen Sie doch selbst, dass diese Blätter da keinen Marktwert haben. Bemüht, das ja, auch sorgfältig ausgeführt, ohne Frage, aber letztlich unverkäuflich. Oder würden Sie sich so etwas", er hebt ein Blatt hoch, „etwa aufhängen?"

Herma verneint, aber das habe nichts zu bedeuten, sie sei nur eine einfache Bäuerin und verstehe nichts von Kunst. Ördög wendet sich an Heinrich, der sich jedoch zu keinem Kommentar hinreißen lässt.

Die Oberstudienrätin wertet sein Schweigen als Parteigang. „So äußern Sie sich doch, Herr Függe, Sie haben doch eine Ahnung von Kunst. Ihre Frau malt doch auch. Isolde und ich sind Mitglieder des Aquarellisten Cercles. Einer bekanntermaßen renommierten Vereinigung, sehr restriktiv in der Aufnahme."

„Das ist doch lächerlich!", explodiert Ördög, der Aquarellisten Cercle nehme doch jeden, der den Jahresbeitrag zahle! Er wisse das, er habe im Vereinsblatt inseriert, er kenne die Mitglieder von diesem ... Vorsichtig geworden bricht er ab.

„Diesem was?!", fragt die Oberstudienrätin erregt, „was wollten Sie sagen?! Diesem Hausfrauenkunstverein, nicht wahr? Wenn ein Mann etwas abwerten will, ist es immer Hausfrauenkunst! Aber ich kenne mein Talent.

Ich kenne meinen Wert. Ich habe Vernissagen gehabt. Es gibt einen Katalog."

Schwarzbach murmelt, dass auch er schon mehrfach solche Texte schreiben musste. Niemand nimmt davon Notiz. Alle Augen sind auf den Akademieleiter gerichtet.

Für einen Augenblick sieht es so aus, als ob Ördög einlenken wolle. Er macht der Oberstudienrätin das Angebot, sich für den erlittenen Verlust einen Ersatz auszusuchen. Das ganze Haus hänge voller Werke von Kursteilnehmern. Ausgezeichnete Kunst darunter, da fände sich doch sicher etwas, was zur Kompensation tauge.

„Keinesfalls!", kommt es aus dünnen Lippen.

Ördög geht auf und ab, bleibt abrupt stehen. Er habe in sechs Wochen einen Kurs für Papierrestaurierung. Es sei noch nicht klar, ob er zustande käme, aber wenn, könnte er versuchen, das Blatt vom Kursleiter, einer international tätigen Koryphäe, ausbessern zu lassen.

Die Oberstudienrätin schüttelt den Kopf.

„Und was stellen Sie sich vor?"

Frau Rottmann nennt einen Preis. Herma schlägt die Hände zusammen. Schwarzbach sagt mit tonloser Stimme, dass er dafür aber viele Katalogtexte schreiben müsste. Dutzende Seiten Dreck. Den letzten Satz denkt er sich nur.

Der Akademieleiter verliert die Beherrschung. Es sei immer dasselbe. Eine Teilnahme an einer Gemeinschaftsausstellung in der örtlichen Sparkasse oder einem Pfarrsaal. Wenn es hoch hergehe, eine Einzelausstellung am Gang zu den Caféhaustoiletten. Und schon beginne die Regentschaft des Größenwahns. Je kleiner der Dreck, desto mehr stinke er. Ördög beginnt zu schreien. Er habe es satt, sich ständig mit diesen malenden Hausfrauen abgeben zu müssen! Immer gebe es Ärger! Vor allem mit den Aquarellistinnen, und am schlimmsten seien die vom Cercle. Der ja nun wirklich nichts hervorgebracht habe. Keinen einzigen bekannten Menschen! Wenn man von Adolf Hitler absehe, der bis vor fünf Jahren als Ehrenmitglied geführt worden sei. Nein, es sei vollkommen sinnlos, in dieser Sache ein weiteres Wort zu verlieren. Aber er frage sich, wieso gerade er dazu komme, sich mit diesen Pseudomalerinnen abgeben zu müssen. Er stamme aus einer nobilitierten Familie, die Güter besessen habe. Der Name Ördög werde in Ungarn nur mit Ehrfurcht genannt!

All das bestätige nur ihr Bild von den Ungarn, entgegnet Frau Rottmann, aber das tue nichts zur Sache. Ihren Aufenthalt an dieser sogenannten „Akademie" betrachte sie als beendet. Im Übrigen sei sie auch Mitglied der Lehrergewerkschaft, habe darüber hinaus eine Rechtsschutzversicherung. Herr Ördög werde von ihrem Anwalt hören.

Der Akademieleiter starrt sie hasserfüllt an.

Heinrich bemerkt, dass sich Schwarzbach Notizen macht. Offenbar wittert er einen Stoff. Herma wirkt unbeteiligt. Sie hat zu stricken begonnen. Ördög knackt mit den Fingern. Er erinnert an einen Mörder, der im Begriff ist, zur Tat zu schreiten. Verstärkt wird dieser Eindruck durch eine Reihe magyarischer Laute, die seiner Kehle entfahren. Vermutlich ein Fluch.

Langsam und bedrohlich bewegt sich der Akademieleiter auf den Tisch der Oberstudienrätin zu.

Während die anderen wie erstarrt die Luft anhalten, legt er die im Kurs entstandenen Blätter langsam und mit großer Sorgfalt auf. Betrachtet sie eingehend, schüttelt den Kopf und murmelt: „Den Trottel möcht ich seh'n, der für das Krixi-Kraxi etwas zahlt." Dann greift er zum Malbecher.

„Unterstehen Sie sich", flüstert Frau Rottmann und erbleicht.

Es ist wirklich aufregend. Heinrich kann sich nicht entsinnen, etwas ähnlich Spannendes erlebt zu haben. Zumindest nicht in den letzten zehn Jahren. Vielleicht auch länger.

„Was ich nun machen werde, ist als Beitrag für die abendländische Kultur zu verstehen", erklärt der Akademieleiter. Er schwitzt, und sein ungarischer Akzent ist stärker als sonst. Er wirkt sehr konzentriert, als er das braune Wasser über die Blätter gießt.

Frau Rottmann stürzt sich auf Ördög. Hätte sie ein Messer zur Hand, sie würde es benutzen.

Der Akademieleiter weicht dem Angriff routiniert aus, wobei er für einen o-beinigen dicken Mann erstaunlich leichtfüßig tänzelt. Er muss früher einmal geboxt haben. Dabei ruft er, dass man ihm helfen solle, die Furie zu bändigen. Er könne schlecht zurückschlagen, schließlich sei er ein Edelmann.

Schwarzbach unternimmt einen zaghaften Versuch, die Oberstudienrätin wegzuziehen. Sie versetzt ihm eine schallende Ohrfeige, ehe sie sich wieder ihrem Feind zuwendet. Der Dozent hält sich wimmernd die Backe.

Herma unterbricht kopfschüttelnd ihre Handarbeit, meint, dass sich ihr Bruder in so einer Umgebung wohlgefühlt hätte. Ördög wird es schließlich zu viel; nach einem kurzen Ringkampf mit Frau Rottmann zwingt er sie auf einen Sessel. „Beruhigen Sie sich! Beruhigen Sie sich!!" Dabei schüttelt er sie.

Die Oberstudienrätin schreit wie am Spieß. Der Akademieleiter wiederholt seinen Satz wohl ein Dutzend Mal, wobei er immer lauter wird. Schließlich hält er ihr den Mund zu. Sie solle endlich ruhig sein und zuhören! Sie sei sein Gast gewesen, er werde ihr das Geld für den Kurs zurücküberweisen. Schwarzbach stöhnt auf. Im Gegenzug, so Ördög weiter, wolle er sie nie wieder in diesem Haus sehen. Sie möge jetzt auf ihr Zimmer gehen, packen und verschwinden. Danach gibt er ihren Mund frei und wischt sich die Hand an einem Malfetzen ab.

Zu früh, denn die Oberstudienrätin ist zu diesem Zeitpunkt weit davon entfernt, klein beizugeben. Sie schäumt. Heinrich kannte diesen Zustand nicht. Nicht einmal bei Isolde. Dieser geifernde Strichmund. Entsetzlich. Frau Rottmann schreit: Sie werde Herrn Ördög klagen, bis in die letzte Instanz, falls nötig. Alle, den Dozenten, Herrn Függe und auch Frau Herma würde sie als Zeugen laden. Alle! Und dann könne er seine Akademie zusperren!

Einen kurzen Augenblick ist es still. Man hört nur das Klappern der Nadeln und dann Herma, die sagt, dass sie nichts gehört und nichts gesehen habe.

Heinrich ergänzt, er könnte im Fall einer Anklage lediglich bezeugen, dass Sie ohne Not Herrn Schwarzbach tätlich angegriffen habe. Der Dozent nickt. Die Oberstudienrätin wird blass.

„Die Zeit läuft." Ördög macht Druck. „Schauen Sie zu, dass Sie wegkommen! Sie haben eine halbe Stunde."

Die Oberstudienrätin stolpert hinaus. Der Dozent ruft ihr nach, dass der Name Raphaela gut gewählt sei. Mit so einem Unterschichtsnamen werde die Ratte beizeiten lernen, sich im Leben durchzusetzen.

Ördög klopft Schwarzbach auf die Schulter. Heute könne er à la carte essen. Und trinken, was immer er wolle. Das gehe aufs Haus. Jetzt möge er aber noch das ganze Zeug von diesem grausigen Biest zusammenpacken und zur Rezeption bringen. Herma und Heinrich versichert er wegen des Zwischenfalls sein Bedauern. Doch habe er auch sein Gutes, weil der Trampel jetzt weg sei. Und je kleiner die Gruppe, desto besser das Betreuungsverhältnis. Unterm Strich würde man sogar profitieren. „Jetzt stehen Sie nicht so herum! Packen Sie das Zeug zusammen!", fährt er Schwarzbach an. Und natürlich bekämen auch die anderen Herrschaften ein Glas aufs Haus. Das Wort Flasche hat er gerade noch verschluckt.

„Sie sind beschäftigt?", fragt Schwarzbach, als er sich anschickt, dem Auftrag nachzukommen. Herma beruhigt, an dem Pullover wird sie noch eine Weile sitzen. Heinrich reagiert nicht. Er hat schon wieder zu schreiben begonnen.

Einundzwanzigste Wahrnehmung

Er stand vor der Grablege ihrer Ahnen. Isolde sah ihn aus großen Augen an. Ihm kam unpassenderweise der Hund in den Sinn, den er Jahre zuvor aus dem Fenster geworfen hatte. Vor allem aber rechnete er, zog von der Gruft Rückschlüsse über die Beschaffenheit des Besitzes ihrer Familie. Er kam zu einem guten Ergebnis.

Die eigentliche Initiative ging allerdings von ihr aus. Sie strich ihm über den Arm. „Kommen Sie doch zum Tee. Papa würde sich freuen. Mama auch. Wir leben sehr zurückgezogen, wissen Sie."

Den Rückweg gingen sie bereits untergehakt. Er brachte sie zum Restaurant, küsste vor dem Eingang ihre schwarz behandschuhte Hand. „Es wäre mir eine wirklich große Freude", sagte sie zum Abschied. Den Satz hat er sich gemerkt. Auch, dass beim Aufhalten der Tür zorniges Geschrei zu vernehmen war.

Als er unmittelbar darauf mit Mondsperg zur Generaldirektion fuhr, war der Alte glänzender Laune. Gewiss frage sich Függe, ob eine Teilnahme an diesem Begräbnis zwingend notwendig gewesen sei. Was habe es zu gewinnen gegeben? Was habe man gesehen? Den Sarg eines Waffenhändlers. Dessen entfernte Verwandtschaft. Eine

Sippe im Niedergang. Den Verfall einer Familie. Denkbar weit entfernt von den Buddenbrooks. Aber je älter er werde, desto öfter sei es ihm ein Bedürfnis, an Leichenbegängnissen teilzunehmen. Das wirke auf ihn wie ein Stimulans. Und die Totenzehrung wäre ausgezeichnet gewesen. Das Rindfleisch so wie es sein sollte, über viele Stunden ausgekocht, die Konsistenz des Semmelkrens ganz vorzüglich. Am Ende habe es noch eine herrliche Auseinandersetzung zwischen Erben und Wirt wegen der Zeche gegeben. Eine richtige Affenkomödie. Es sei ein wirklich erfreulicher wie unterhaltsamer Einstieg in den Tag gewesen. Heute, das fühle er deutlich, werde noch einiges in Bewegung gebracht werden. Beginnend mit der Bestellung dieser Autokassettengerätschaft. Er wisse auch schon, was ihm Függe als Erstes überspielen werde: den Tristan, den Knappertsbusch 1950 in München dirigiert habe.

Der Alte zündete seine Zigarre an. „Isolde", murmelte er in den aufsteigenden Rauch, „ein mit Unglück bereifter Name."

Damals achtete Heinrich nicht weiter darauf. Die Entscheidung, welcher nächste Schritt zu unternehmen sei, wurde ihm durch eine zwei Tage später zugestellte Einladung zum Fünf-Uhr-Tee abgenommen. Sie war auf Bütten gedruckt. „Gutes Papier", meinte der Alte, der die Karte auf Heinrichs Tisch sah, „Stahlstich. Vorkriegsqualität."

Natürlich sagte er zu. Schriftlich, auf Firmenpapier. Auf dem Firmenpapier, das Mondsperg benutzte. Bütten.

Auch hat ihn die Gier – die Todsünde der Gier – noch am selben Tag zu der angegebenen Adresse getrieben. Was er zu sehen bekam, bestätigte seine Gruft-Wohnhaus-Berechnung. Eine neugotische Villa, inmitten eines Gartens, den man fast schon als Park bezeichnen konnte. Heinrich revidierte seine Berechnungen nach oben.

In den Tagen bis zum Tee war er oftmals unkonzentriert. Er wurde deswegen sogar mehr als einmal vom Alten scharf angefahren. Auch wegen anderer Dinge. Függe möge sich gefälligst zusammenreißen! Diese geckenhafte Krawatte heruntertun. Augenblicklich! Wo Függe dieses Ding in den kreischend lauten Farben nur herhabe? Er sei Assistent der Geschäftsführung eines Rüstungskonzerns, kein Hutschenschleuderer! Der Alte schnupperte. Und dann dieser Geruch! Unerträglich! Das möge in einem orientalischen Lusthaus angehen, aber nicht hier! Er verstehe, dass Heinrich ein junger und also von Gefühlen geplagter Mensch sei. Doch möge er sich vor Augen halten, dass Gefühle keine Ordnung schaffen. Im Gegensatz zu Waffen. Dem folgte eine lateinische Maxime, die Heinrich nicht verstand.

Er hat Mondsperg in solchen Momenten gehasst. Vielleicht haben all die Maßregelungen des Alten seinen Entschluss, das Heil in der Hochzeit zu suchen, noch verstärkt. Nein. Das dann doch nicht. Die Schuld liegt allein bei ihm und seiner Hoffnung, die Mühen des Aufstiegs durch eine Treppenhochzeit abzukürzen. Eine tragische Fehlkalkulation. Dabei hat es Zeichen gegeben, Zeichen genug, dass in dieser Familie die Treppen nach unten führen. Sie wären nicht allzu schwer zu deuten gewesen.

Als Heinrich am angegebenen Tag in der Dämmerung die Villa erreichte, schien sie ihm noch immer imposant, wenngleich düster. Er läutete, es wurde sofort geöffnet. Als hätte man an der Tür auf ihn gelauert.

Der Eingangsbereich erschien ihm wie eine Halle. Heinrich war mittlerweile kein möblierter Herr mehr, er hatte eine eigene Wohnung; allerdings eine, die dreimal in dieses Entree gepasst hätte.

Das Dienstmädchen, das ihn in Empfang nahm, bat Herrn Függe in den Salon. Heinrich ging eine ganze Weile hinter ihr her, ehe ihm auffiel, dass er seinen Namen gar nicht genannt hatte. Es schien sich um eine intime Teegesellschaft zu handeln.

Er registrierte eine Fülle an Teppichen, die zum Teil übereinanderlagen. Die Böden darunter waren abgesackt, man bewegte sich wie auf einem schwankenden Schiff. Der Salon, groß, schlecht beheizt und ungenügend beleuchtet, hatte die muffige Atmosphäre selten genutzter Hochparterreräume.

Zuerst wurde er Isoldes Mutter ansichtig, die in einem mächtigen Ohrensessel thronte. Dem einzigen Stück, das ihre Familie aus den Wirren der Napoleonischen Kriege retten konnte, wie er bald darauf erfuhr. Napoleon war schon eine Weile her. Das hat ihm natürlich imponiert. Er ist eben ein richtiger Trottel gewesen.

Zu ihrer Rechten saß der Mann, zu ihrer Linken die Tochter. Beide in deutlich kleineren Möbeln. Wie eine Kreuzigungsgruppe, wenn auch ohne Heilsanspruch.

Er wollte sich vorstellen, doch kam ihm Isolde zuvor. Das sei Herr Hans Függe, Assistent der Geschäftsführung bei Parabellum. Ein Jäger, wie Papa. Sie habe ihn beim Begräbnis des Großonkels kennengelernt, er würde gerne mit ihr verkehren. Und deshalb sei er heute hier.

Er dachte in diesem Augenblick an alles und nichts. Er war vollkommen perplex.

„Ein verständlicher Wunsch", sagte die Mutter. Sie hatte kein Lorgnon in der Hand, als sie ihn musterte, aber es wirkte, als hätte sie eines. Schließlich streckte sie ihm die dürre Hand zum Kuss entgegen. Sie hielt sie tief, er musste sich gehörig bücken. Die Hand war kalt.

„Ich glaube, mich erinnern zu können", sagte sie, wobei sie die Worte leicht dehnte. „Sie haben die Schleifen vom Kranz gerichtet, nicht wahr? Nun, auch das ist eine Form von Assistenz, wenn man so will. Sie heißen also Hans mit Vornamen? Wir haben auch einen Hans, der uns sehr lieb ist."

Ihr Mann lachte hohl. Seine untergeordnete Rolle war von Anfang an offensichtlich. Er trug einen Fez mit Quaste und wenig zur Konversation bei. Selbst im Sitzen machte er einen schwerfälligen Eindruck. Ein Betriebsunfall in der Familiengeschichte, wie es schien.

Zu den wenigen repräsentativen Aufgaben, die ihm geblieben waren, gehörte das Aufwarten von alkoholischen Getränken. Nach dem Tee, der sehr dünn geraten war, fragte er, ob er ihm von Waidmann zu Waidmann etwas Ordentliches kredenzen könne. Er schenkte kräftig ein.

Die Schwiegermutter fragte ihn ungeniert aus. Sie ging dabei sehr geschickt vor, da sie dazwischen immer wieder eigene biographische Brocken einstreute, die vom Besitz der Familie handelten. Heute weiß er: Das waren Köder. Er schluckte sie alle. Dumm wie ein Fisch.

Vielmehr gibt es über den ersten Abend bei den Gründlers nicht zu berichten. Doch. Es gab da dieses schreckliche Heulen, bei dem er regelrecht zusammengezuckt ist. Er musste an den Film denken, den er kürzlich gesehen hatte. Wie er und seine Freundin – er ist ja damals liiert gewesen – aufschrien, als die Bestie erstmals in Erscheinung trat. Wie sie sich aneinanderdrückten. Die arme Ingeborg. So ein liebes Mädel. Sie hatte bereits von sich aus die fehlende Mitgift angesprochen. Er hatte erklärt, das mache nichts, die Liebe frage nicht nach Besitz.

Der Satz war nicht ernst gemeint, er stammte aus einem Buch. Dabei wäre er mit Ingeborg vielleicht glücklich geworden. Nicht in dem Maße wie mit Jelena, aber Jelena war eine Kategorie für sich. Ein Naturereignis. Mit Jelena hätte er ein Leben führen können, um das ihn die Götter beneidet hätten. Aber Jelena kam später.

Damals dachte er, dass man Ingeborg *von der geänderten Sachlage in Kenntnis setzen* müsse. Genau das hat er damals gedacht. Und dass es mit dieser lästigen Geschichte ja gottlob keine Eile habe.

Das Heulen war unterdessen durchdringender geworden.

„Das ist Hans", erklärte die Dame des Hauses, „er ist im Keller. Hans schätzt es nicht, wenn wir Besuch haben. Er ist ein klein wenig eifersüchtig, wissen Sie."

Isolde eilte zur Tür. Ihre Bewegungen waren hölzern. Herr Gründler schenkte nach. Er zitterte. Heinrich wartete, dass er etwas sagen würde, doch Gründler schwieg. „Woran ist ihr Onkel gestorben?", fragte er schließlich.

„An einer Kugel. Kaliber 7,62. Parabellum."

Heinrich hakte nicht nach. Das Kaliber wurde in erster Linie von Scharfschützen verwendet.

Als Isolde zurückkam, war Heinrich leicht illuminiert. Wenn er ehrlich ist, erschien sie ihm auch in diesem Zustand nicht rasend begehrenswert. Er weiß noch bis ins letzte Detail, wie sie an diesem Tag ausgesehen hat. Ein Haarreifen aus Schildpatt, der das ranzigblonde dünne Haar fest an den Kopf gepresst hielt. Ein graues Tweedkostüm mit knöchellangem Rock. Farblich nicht dazu passende braune Strümpfe, ebensolche Schuhe. Große Schuhe.

Sie besitzt das alles noch. Schlimmer: Sie trägt es nach wie vor. „Man muss die Kleidung auftragen bis zum Letzten! Und wenn es wirklich nicht mehr geht, lassen sich oft wunderbare Sachen daraus machen." Hauspatschen etwa, die man in diesem ewig kalten, zugigen Haus auch wirklich braucht. Sie würde nie etwas wegwerfen. Das ist eine ihrer Tugenden. Isolde ist überhaupt sehr tugendreich.

Hans, berichtet Isolde, sei außer sich und wolle sich nicht beruhigen lassen. Es werde nicht leicht sein, ihn an Herrn Függe zu gewöhnen.

Ja, das könnte längere Zeit in Anspruch nehmen, bestätigte die Mutter. Ganz zu schweigen von der Problematik der Gleichheit des Vornamens. Das werde das brave Tier irritieren. Da müsse man sich etwas einfallen lassen, falls es zum Du-Wort komme. Sie überlegte einen Augenblick. „Haben Sie denn nicht noch einen anderen Namen?"

Zweiundzwanzigste Wahrnehmung

„Und Sie sind sich sicher, dass Sie nichts zu Mittag essen wollen?", fragt Schwarzbach.

„Ja", sagt Heinrich, ohne aufzublicken.

„Aber du musst doch etwas essen!", ruft Herma.

„Ihr würdet mir einen großen Gefallen erweisen, wenn ihr endlich gehen würdet. Bitte."

Dass es besser sei, wenn er jetzt gehe, hatte damals auch Isoldes Mutter gemeint. Nicht ohne noch einen Termin für das nächste Treffen zu fixieren. Eine Kartenpartie, denn wohlgefällig war von den Eltern aufgenommen worden, dass er alle gängigen Kartenspiele beherrsche. Er war durch gute Schulen gegangen, die mütterliche wie die des Alten.

Wenn es beim Waidwerk regne, hatte ihn Mondsperg belehrt, sei man auf diese Art des Zeitvertreibs angewiesen wie auf einen Bissen Brot. Mit Mitgliedern einer Jagdgesellschaft könne man im Allgemeinen schlecht über die *Nikomachische Ethik* des Aristoteles reden. Der Horizont jagender Herrenrunden gehe für gewöhnlich über Schnaps, Weiber und Autos nicht hinaus. Kriegs- und Jagdgeschichten nicht zu vergessen. Die wenigsten würden lesen, einen eigenständigen Gedanken haben oder etwas von Wagner verstehen. Alle jedoch spielen Karten. Analog zu den Waffen sei in dieser Branche die Kenntnis der Karten mithin essentiell, so der Alte.

Und so ist er weiterhin ganz bewusst, aus freien Stücken und mit ernsten, wenngleich unlauteren Absichten bei den Gründlers zu Gast gewesen. Er hat der Mutter Blumen, Isolde Bonbonnieren, dem Vater Zirbengeist, dem Hund Kalbs- und Rinderknochen mitgebracht. Mit einigem Entsetzen registrierte er, mit welcher Kraft sie der Namensvetter zermalmte.

Die Lehre aus den Besuchen war schnell gezogen. In der Gegenwart der Eltern kam er nicht weiter. Er musste Isolde außer Haus treffen. Da gerade Ballsaison war, überraschte er sie mit Karten. Beim Tanzen, so sein Kalkül, kommt man sich schnell näher. Er tanzte zwar weder gerne noch gut, aber bei einer Veranstaltung wie dem Jägerball würde dieses Manko nicht weiter auffallen.

Zu seinem Pech ließen es sich die Eltern nicht nehmen, sie zu begleiten. Heinrich solle noch zwei weitere Karten besorgen, einen Tisch reservieren und am Eingang auf sie warten. Als sie aufkreuzten, stritten sich die Gründlers auf das Entsetzlichste. Sie waren laut, und es war gut, dass die meisten Besucher bereits im Ballsaal waren.

Eine gewisse Aufmerksamkeit zogen die Gründlers dann durch ihre Garderobe auf sich. Die Damen waren mit Grandeln geschmückt und behängt, wie man es sonst nur von prähistorischen Gräbern kennt. Der Fuchs, den die Mutter um den Hals geschlungen trug, hatte damals noch beide Augen. Herr Gründler war mit einer Phantasieuniform angetan, einem Fez sowie obskuren Orden, die so wirkten, als wären sie aus Blech gestanzt. Er weigerte sich zu tanzen, setzte sich sofort an den Tisch, wo er nach Wein rief und zu trinken begann.

Heinrich walzte abwechselnd mit Mutter und Tochter, die sich ähnlich, nämlich knochig anfühlten. Isolde hatte noch weniger Rhythmusgefühl als ihre Mutter. Und dann noch die großen Füße. Es war kein Zeitvertreib mit Zukunft.

Unterm Strich war er nach dem Ball nicht viel weitergekommen. Jedenfalls stand es in keiner Relation zu den Ausgaben. Die Rechnung hat er sich aufgehoben: vier Flaschen Erlauer Stierblut, diverse Speisen, einige Schnäpse und Bier.

Als es ans Zahlen ging, rief der schon stark angeheiterte Herr Gründler: „Ich bitte Sie, mein lieber Függe – das wäre doch nicht nötig gewesen! Aber danke – werden uns gelegentlich revanchieren!"

Heinrich schoss das Blut in den Kopf. Die Gründlers, so sein Eindruck, beobachteten ihn mit größter Aufmerksamkeit. Er betete, dass er nicht in die Verlegenheit kommen würde, sie um Geld bitten zu müssen. Ohne Trinkgeld ging es sich dann haarscharf aus.

Natürlich ist er auch auf den Kosten für die Karten und den Tisch sitzen geblieben. Isoldes Eltern haben es von sich aus nie thematisiert, und er scheute sich, das Gespräch darauf zu bringen. Immerhin bot man ihm, nachdem die Zeche beglichen war, das Du-Wort an. Warf dabei die Problematik mit dem Hund Hans auf, fand aber schnell eine Lösung. „Wir werden dich einfach Heinrich nennen!"

Nur mit vereinten Kräften konnte Gustav von Thekla und Isolde daran gehindert werden, noch eine Flasche Sekt zu bestellen.

Auf dem Rückweg, den Heinrich zu Fuß antreten musste, da er nicht mehr genug Geld für eine Fahrkarte hatte, geschweige denn für ein Taxi, hatte er reichlich Muße, über den Abend und die Sinnhaftigkeit seiner Bemühungen nachzudenken. Auf der einen Seite die Firma, das Geld, die Villa. Auf der anderen die dazugehörige Familie.

Der Gustl (wie er Herrn Gründler im Geiste nannte) wollte trinken, ansonsten tunlichst in Ruhe gelassen werden. Er war harmlos. Seine Frau, von deren Seite das Vermögen kam, war es definitiv nicht. Doch machte sie einen kränklichen Eindruck. Auch hatte Thekla, als sie ihn anhand der Ahnengalerie mit der Geschichte ihrer Familie vertraut gemacht hatte, fallen gelassen, dass bei ihnen noch niemand alt geworden war. Dabei hatte sie auf die Herzgegend gedeutet. Das Problem würde sich über kurz oder lang von selber lösen.

Und Isolde? Man würde es an ihrer Seite aushalten können. Sie schien von einer zwar etwas morbiden, doch nicht unzufriedenen Grundstimmung getragen zu sein. Eine gute Kameradin. Negativ schlugen die fehlenden körperlichen Reize zu Buche. Doch die würden sich bei anderen Frauen finden. Eine zweite Menage. Und vorläufig hatte er ja auch noch Ingeborg. Wobei die langsam misstrauisch wurde, weil er kaum noch Zeit für sie hatte und wenn, dann immer nur schnell, schnell seine Bedürfnisse stillen wollte. Er sollte mit ihr wieder einmal etwas unternehmen. Etwas Preisgünstiges.

Ansonsten würde er weitermachen. Die Festung belagern, stürmen, siegen, von der Mühsal des Alltags entbunden sein. Diesen und ähnlichen Schwachsinn hat er gedacht. Es war ein langer Weg zu gehen, bis er daheim gewesen ist.

In den Wochen nach dem Ball hat er mit Isolde das ganze Bildungsbürgerprogramm abgespult. Er ist mit ihr in die Oper gegangen, wo Parabellum eine eigene Loge unterhielt. Dort ist er auch nicht weitergekommen. Es war naiv zu glauben, dass in einer Firmenloge etwas weitergehen kann. Vor allem, wenn Alban Bergs *Wozzeck* gegeben wird.

Sie besuchten das Theater, klassische Konzerte, Lesungen, Ausstellungen. Stets holte er sie ab, stets brachte er sie vor Mitternacht zurück. Darauf legten die Eltern Wert. Die Darbietungen hat er als langatmig in Erinnerung. Nachdem er meist mit dem Einschlafen kämpfte, hat er erst spät mitbekommen, dass sich auch Isolde aus alledem nicht viel machte. Er fragte, worauf sie Lust habe. Sie wusste keine Antwort. Es hat sich ihm bis heute, mehr als dreißig Jahre danach, nicht erschlossen, was ihr wirklich Freude bereiten würde. Das talentfreie Beschmieren von Leinwand sowie sein Ableben einmal ausgenommen. Eine exemplarisch gescheiterte Existenz. Genau wie die seine.

Damals blickte er freilich noch voll hoffnungsfroher Berechnung in die Zukunft. Er schlug etwas vor, was er sich zu Beginn nie getraut hätte, weil es ihm zu gewöhnlich erschien: einen Kinobesuch. Der war schließlich von Erfolg gekrönt. Die Vorstellung war kaum besucht, man hatte vorher Wein getrunken, summa summarum ging in diesen eineinhalb Stunden mehr weiter als bei allen vorangegangenen Aktivitäten zusammen.

Und es war gut so, denn Ingeborg war beim Ausbürsten seiner Garderobe auf Indizien gestoßen, die ausreichten, Bürste und Sakko fallen zu lassen, sich ein Taxi zu rufen und aus seinem Leben zu verschwinden. Er hat später oft an sie gedacht. Durchaus mit Wehmut. Nicht so stark wie bei Jelena, aber doch.

Der Kinobesuch war ein Schritt in die richtige Richtung. Sie sind dann einige Male im Kino gewesen. Isolde nannte es *Lichtspiele*. Der Ausdruck hat ihm gefallen. Er mochte die Art, wie sie sich ausdrückte. Altertümlich, wie aus der Zeit gefallen. Auch ihre Stimme; sie hatte eine angenehme Stimme, die sich erst im Lauf der Ehe in einen kreischenden Diskant verwandelt hat. Ging man nicht in die Lichtspiele, so ging man essen, wobei die Gründlers nicht aßen, sondern speisten. Angenehm ist ihm in Erinnerung, dass sie wenig konsumierte. Als es wärmer wurde, unternahm man Ausflüge in die nähere Umgebung. *Landpartien*, wie Isolde sagte. Sie küssten sich. Viel mehr ließ sie nicht zu. Und selbst da blickte sie zuvor in alle Richtungen, ob sie auch niemand sah.

Er überlegte, mit ihr ein Wochenende wegzufahren. Vielleicht ans Meer; am Meer, so seine Überlegung, gehe immer etwas weiter. Als er Isolde den Vorschlag unterbreitete, meinte sie nach einigem Überlegen, es sei im Bereich des Vorstellbaren.

Ihre Eltern sahen das anders. Als sich Isolde beim nächsten Kartenabend kurz entschuldigte, fragte Heinrich, ob er ihnen die Tochter ein Wochenende lang entführen dürfe.

Die Reaktion war, als hätte er verkündet, sie in einem Bordell für Fremdarbeiter anschaffen lassen zu wollen.

„Was glauben Sie eigentlich, wo Sie hier sind? Das ist in unseren Kreisen nicht üblich!", kam es eisig von Thekla, die in diesem Moment außer Acht ließ, dass man sich schon seit Längerem im Du-Modus befand. Dem folgte eine Geste, die er noch öfters zu sehen bekommen sollte: der Griff ans Herz, gefolgt von dem mit ersterbender Stimme gehauchten Satz: „Gustav – das Tonicum." Worauf sich Gustl erstaunlich behände aus dem Fauteuil erhob, aus dem Zimmer eilte, um kurz darauf mit einem Löffel, einem Stück Würfelzucker und einem Fläschchen mit dem Etikett *Herztropfen* wiederzukehren.

„Du darfst Thekla nicht aufregen", sagte er, während er die Tropfen auf den Zucker träufelte, „du weißt doch, wie es um ihre Gesundheit bestellt ist." Man merkte an seinem Atem, dass er die Gelegenheit für einen schnellen Schnaps genutzt hatte.

Heute weiß Heinrich, dass die Szene abgekartet gewesen ist. Thekla erfreute und erfreut sich blendender Gesundheit. Sie hat eine erschreckende Ähnlichkeit mit dieser Französin, die in ihrer Jugend Buntstifte an Van Gogh verkauft hatte und erst kürzlich, im 123. Lebensjahr, verstorben ist.

Es spricht viel dafür, dass sie ihn überleben wird. Eigentlich spricht alles dafür. Sie hat das Methusalem-Gen.

Damals freilich mimte sie den sterbenden Schwan.

„Ich denke, es ist besser, du gehst", sagte der Gustl, „komm, ich bringe dich zur Tür." Am Weg dorthin erklärte er Heinrich, dass der Antritt von Lustreisen zu jenen Dingen gehöre, für die es den schützenden Rahmen einer Ehe brauche.

Er war einigermaßen konfus, als er nach Hause ging. Er …

„Jetzt schreibt der immer noch!", ruft eine Stimme. Herma.

„Fleißig, fleißig!", sagt der Dozent. Man hört an seiner Stimme, dass er von Ördögs Angebot, zu trinken, was immer er wolle, Gebrauch gemacht hat. „Sind Sie noch am Friedhof? Oder schon wieder am Weg dorthin?

Heinrich bedeutet ihm mit einer Handbewegung zu schweigen. Dann schreibt er weiter.

Dreiundzwanzigste Wahrnehmung

Als er Isolde fragte, ob sie sich vorstellen könne, ihn zu heiraten, wollte sie zuerst den Ring sehen. Ihr Mund verdünnte sich zum Strich, als Heinrich sagte, er habe noch keinen. Die Suppe wurde serviert. Er meinte, er habe doch nicht wissen können, wie ihre Antwort ausfalle. Außerdem könne man dem nach Tisch ja abhelfen.

„Nein", sagte sie und legte den Löffel hin, „wenn es dir ernst ist, kaufen wir ihn *jetzt.*"

Vielleicht hat sie auch *sofort* gesagt. Das ist ohne Weiteres möglich. Er jedenfalls ist bei noch dampfender Suppe dazu gedrängt, ja man kann sagen: genötigt worden, aufzuspringen. Ist auch sofort aufgesprungen, zum Kellner geeilt, hat stammelnd die ungegessenen Menüs zu zahlen verlangt, ein unangemessen hohes Trinkgeld gegeben, sich von ihm noch blöde sagen lassen müssen, dass die Seinige in der Schwangerschaft auch unberechenbar gewesen sei.

Isolde ging nicht etwa aus dem Lokal, sie eilte, wobei sie mit ihren ungelenken Bewegungen an eine schlecht geführte Marionette erinnerte. Diesen Gedanken hatte er schon damals. Was ist er doch für ein Idiot gewesen!

Er kannte einen Juwelier in der Nähe. Aber natürlich wollte sie nicht zu diesem, sondern zum Familien-, zum ehemaligen Hofjuwelier, dem teuersten der Stadt. Bei ihm, so sagte sie, hätten schon die Mutter, die Großmutter und die Urgroßmutter ihre Verlobungsringe erstanden. Es stünde ihr schlecht an, mit dieser Familientradition zu brechen. Dann sagte sie etwas regelrecht Kokettes. Etwas, was sie danach nie wieder getan hat. Isolde erklärte, es verhalte sich wie mit der Sache mit dem Papst und dem Zölibat. Jeder wisse, dass es idiotisch sei, daran festzuhalten, dass man mit dieser Tradition brechen müsse, aber bitte nicht in diesem Pontifikat. Sie lachte. Sie hatte damals wie Perlen schimmernde Zähne. Er war in diesem Moment fast ein wenig verliebt.

Der Ringkauf stand unter einem schlechten Stern. Wie dann die ganze Beziehung. Heinrich hatte zu Beginn nach Ringen aus Silber verlangt. Als Zeichen der Treue, wie er hastig hinzufügte. Der Angestellte flüsterte, so etwas würden sie nicht führen. Isolde zischte, so etwas würde sie nicht tragen. Sie sehe sich nicht als Plebejerin. Beide sahen ihn indigniert an. Er hatte sein Gesicht verloren.

Es erwies sich als schwierig, etwas Passendes zu finden. Sie wollte etwas *Schlichtes*, etwas *ganz Schlichtes*. Doch nichts, was in der folgenden Stunde vorgelegt wurde, war schlicht genug. Alle rot-, alle gelb-, alle weißgoldenen Ringe wurden geprüft und verworfen. Erst bei Platin wurde sie fündig. Gravur wollte sie keine. Sie werde sich den Tag auch so merken, sagte sie. Außerdem müssten die Eltern noch ihre Zustimmung geben. Sie sei noch nicht volljährig. Die Bitte um Ratenzahlung hat seine Reputation an diesem Tag nicht eben gesteigert.

Das Um-die-Hand-Anhalten verlief weniger reibungslos als erwartet. „Was kannst du unserer Tochter bieten?", fragte der Vater. „Was würdest du in eine Ehe einbringen? Einmal abgesehen von dir?"

Heinrich hatte eine gediegene Garderobe und ausgezeichnetes Schuhwerk, weil der Alte darauf Wert legte. Ansonsten war er ein Habenichts. Wenn auch mit guter Firmenzugehörigkeit, eine krisenfeste Existenz auf Lebenszeit. Fast eine Beamtenstellung, praktisch unkündbar. Ausgezeichnete Aufstiegsmöglichkeiten. Kein rauschendes Gehalt, aber das 16. Mal im Jahr. Wenigstens war er damals so klug, Letzteres nicht in die Waagschale zu werfen.

Die Eltern demütigten ihn nach allen Regeln der Kunst. Besonders Thekla tat sich hervor. Ob er sich dessen bewusst sei, in eine alte Fabrikantenfamilie einheiraten zu wollen? Ihr Ur-Ur-Urgroßvater habe 1868 eine der ersten und bald schon führenden ...

Er stand kurz davor, den Antrag wieder zurückzuziehen, als Isolde hysterisch zu weinen begann. Heute glaubt er, dass sie es mimte. Sie hatte in diesem Fach schon immer ein ungeheures Talent.

Schließlich hieß es: „Willkommen in unserer Familie, Heinrich." Ein Aussage- kein Ausrufesatz.

Der Gustl wollte Schnaps holen, auch Heidelbeerlikör für die Damen.

Die Gattin rief, er solle keine dummen Witze machen und eine Flasche Sekt bringen.

Die müsse erst kalt gestellt werden.

Das sei doch vollkommen egal.

So hat Heinrich auf seine Verlobung mit zimmerwarmem Krimsekt angestoßen. Sein Vater, dachte er, hätte sich nicht schlecht geärgert. Es war eine der angenehmeren Empfindungen an diesem Tag.

Dass er seine Mutter von der Neuigkeit nicht umgehend in Kenntnis setzte, ist allein seine Schuld. Er hatte ihr Isolde nie vorgestellt. Es gab Ursachen und Gründe. Am schwersten wog der Umstand, dass die Mutter seit einiger Zeit ihre Wohnung mit einer Kollegin teilte. Nicht nur den Tisch, auch das Bett. *Degoutant*, wie die Gründlers gesagt haben würden.

Die Mutter hat es ihm nie verziehen, von seiner Verlobung aus der Zeitung erfahren zu haben. Er hatte nicht ahnen können, dass die Gründlers die Sache sofort publik machen und eine Annonce schalten würden.

Das war egal: Er hatte *der eigenen Mutter* nichts gesagt. Als wäre sie *eine Fremde*. Er wolle sie *ganz offensichtlich nicht mehr an seinem Leben teilhaben lassen. Sie verstehe sehr gut, sie sei ihm auch nicht böse, sie habe wohl alles falsch gemacht, was man falsch machen könne. Sie wünsche ihm das Beste, aber Sohn habe sie keinen mehr.*

Jetzt sind die „Hans?"- und „Herr Függe?"-Rufe nicht mehr zu ignorieren. Heinrich antwortet gereizt: „Ja?"

Der Dozent meint, während er die Finger ineinander ver- und wieder entknotet, es sei ihm wirklich peinlich, aber Herma und er hätten dem Wein zu sehr zugesprochen und würden gerne ein Nachmittagsschläfchen halten. Ob das ein Problem darstelle? Er sei sich dessen bewusst, dass es etwas viel verlangt und nicht ganz comme il faut sei. Doch würde er seine Mappe hierlassen, darin fänden sich

Schreibübungen zuhauf, wenn er mit dem da fertig wäre. Was immer Thema der aktuellen Übung gewesen sei. Heinrich entlässt ihn mit einer saloppen Handbewegung. Schwarzbach salutiert gähnend.

Heinrich betrachtet die Mappe. In dieses schmierige Ding greift er mit Sicherheit nicht. Muss er auch nicht. Er ist ja noch lange nicht fertig.

Heinrich ist damals alleine dagestanden. Einer gegen drei. Die Gründlers, so stellte sich schnell heraus, waren eine dieser hoffnungslosen Familien, die von der Erinnerung an eine glorreiche Vergangenheit zehrten. Die Gespräche drehten sich oft um den Ur-Ur-Urgroßvater Theklas, der im vergangenen Jahrhundert eine florierende Fez-Fabrik gegründet hatte.

Es war, wie Heinrich später nachgerechnet hat, mindestens ein Ur- zu viel. Wenn nicht zwei. Von ihm stammten Nimbus, Gruft und Villa. Das 20. Jahrhundert hatte der Kopfbedeckung dann langsam aber sicher den Garaus gemacht. Die Zeiten, in denen man von der Fezfabrikation großbürgerlich leben konnte, waren lange vorbei.

Die Gründlers lebten von der Substanz – und diese war weitgehend aufgebraucht. Der letzte relevante Auftrag war von der SS gekommen. Es ging um die 13. Waffen-Gebirgs-Division, die Handschar, eine muslimisch-bosnische Einheit, die den Fez zur Uniform trug. Und was immer man über diesen Himmler sagen mochte: Er hatte pünktlich gezahlt. So Thekla.

Anlass zur Hoffnung hatte danach nur noch eine Großbestellung des ägyptischen Königs Faruk gegeben;

doch war es kurz nach der Auslieferung zu dessen Sturz gekommen. Das Nachfolgeregime hatte für die Ware weder Verwendung noch die Höflichkeit, sie zurückzuschicken. Vom Plan, *diesen Nasser durch Sonne, Mond und Sterne zu klagen,* nahm man schließlich Abstand.

Von der Kanzlei des Königs, an den man sich in seinem Exil wandte, hatte man einen reizenden Brief erhalten, dass Seine Majestät die Angelegenheit zutiefst bedaure, sich nach der Restauration umgehend darum kümmern und die Schuldigen hart richten werde. Bis dahin könne er lediglich das Privileg gewähren, den Titel eines Hoflieferanten Seiner Majestät des Königs von Ägypten und des Sudans führen zu dürfen. Die dazugehörige Urkunde lag bei und war sehr dekorativ. Sie hing neben dem nicht minder dekorativen Privileg König Zogus, sich als privilegierter Hoflieferant Seiner Majestät des Königs aller Albaner und Prinz des Kosovo zu betrachten.

In Tirana waren sich in den 1930er-Jahren Isoldes Eltern auch erstmals begegnet. Die vereinigten Fez-Großfabriken (je geringer die Bedeutung, desto pompöser die Bezeichnung, auch das zog sich durch die Firmengeschichte) hatten dort eine Niederlassung. Was den Gustl nach Albanien verschlagen hatte, darüber wurde eisern geschwiegen. Über seine gesamte Familie wurde nie ein Wort verloren. In späteren Jahren erwähnte er beiläufig, dass Karl Mays *Durch das Land der Skipetaren* das einzige Buch gewesen sei, das er fertig gelesen habe. Er befand sich in bester Gesellschaft. Mit einiger Sicherheit war der Gustl in jungen Jahren auf eine ölige, wurmstichige Art ganz fesch, was ihn als Tepp…

Vierundzwanzigste Wahrnehmung

Teppichhändler hätte es heißen sollen, *was ihn als Teppichhändler von geringem Ehrgeiz zupassgekommen sein muss.*
Die Füllfeder schreibt nicht mehr. Es trifft sich gut, er braucht eine Pause. Er wird ins Auto steigen, zwanzig Kilometer später in einem Bezirkshauptstadtschreibgeschäft nach nebelgrauer Tinte verlangen. Ein Farbton, von dem die Verkäuferin noch nie gehört hat. Gereizt, hungrig und mit einem Fläschchen Königsblau wird er wieder zurückfahren, am Weg bei einem Gasthof haltmachen, wo er die Feder nachfüllt, eine schwere Mahlzeit zu sich nimmt und biertrinkend an seinem Text weiterschreibt. Zunächst noch voll Zorn wegen der Tinte. Es hat eben ein jeder seine Zwänge.

Dann weiter über Isoldes Familie, die, als er in ihr Leben trat, von den Realitäten der Welt bereits weitgehend abgeschnitten gewesen ist. Was die Gründlers damals tatsächlich trieben und taten, hat er nie genau in Erfahrung bringen können. Auch dass der Gustl einmal Teppichhändler gewesen ist, ist lediglich eine Annahme. Die Fülle an Teppichen im Haus spricht dafür.

Es sind balkanische Orientteppichimitationen, auf denen Generationen von Hunden ihre Spuren hinterlassen haben. Doch wären sie auch unbefleckt nichts wert, wie sich beim Versuch eines Haushaltsversicherungsbetrugs herausgestellt hat. Von anderer Seite hat Heinrich einmal gehört, dass sich der Gustl vor dem Krieg aus strafrechtlichen Gründen nach Albanien abgesetzt hatte. In Tirana soll er mit Visitenkarten, auf denen Gustav v. Gründler stand, versucht haben, am Hof von König Zogu Fuß zu fassen.

Die Geschichte klang für Heinrich plausibel, am Hof des Herrschers befanden sich viele windige Gestalten. Dann bedurfte es nur noch der Gunst des rechten Augenblicks, der mit dem Erscheinen des alten Prokop mit seiner Tochter gekommen war. Denn der Alte hatte es sich in den Kopf gesetzt, seine Thekla mit einem Aristokraten zu vermählen.

Nachdem das soziale Leben der Familie bescheiden war, hatte er Thekla zu den Maltesern gesteckt, um an einen Edelmann zu gelangen. Der Plan ging nicht auf. Sie hasste die Malteser; die grässliche Uniform mit dem weißen Häubchen, die näselnden Gestalten, die noch im Rollstuhl auf sie herabsahen und die sie zu Veranstaltungen, meist Gottesdiensten in Überlänge, schieben musste. Sie war entsprechend froh, in Tirana auf diesen Herrn von Gründler zu stoßen, der charmant und frei von Dünkel schien.

Der bald darauf ausbrechende Krieg und die damit verbundenen Trennungen boten viel Platz für Projektionen. Erst geraume Zeit später wurde Hochzeit gehalten; bis Isolde auf die Welt kam, sollten drei weitere Jahre vergehen. Wie bei den Görings. Da wie dort ein Mädchen.

Gedanken und Bilder, die Heinrich nicht umsonst in den Sinn kommen, denn der Gustl hatte sich während des Krieges zu einer kapaunenhaften Feistigkeit ausgefressen. Es muss ihm gelungen sein, ihn beim Nachschub auszusitzen. Die Fotos aus der Zeit lassen den Rückschluss zu, dass er schon damals eine Schwäche für Phantasieorden gehabt hatte.

Das also war Herr Gründler, der es verstanden hatte, sich aus der klein geschriebenen Initiale seines zweiten Vornamens Volkmar ein Adelsprädikat zu basteln. Als die Sache aufflog, war die Ehe bereits geschlossen. Über den Umstand, dass der alte Prokop bald darauf einem Herzanfall erlag, kann man denken, wie man will. Auch, ob es für den Gustl langfristig ein Geschäft gewesen ist, in die Familie Prokop einzuheiraten. Sie befand sich schon damals im Niedergang.

Und Teil dieses Geschlechtes sollte Heinrich bald sein.

Natürlich hat er in der Verlobungszeit erkannt, dass es Seltsamkeiten gab. Mit 25 ist man ja nicht mehr komplett naiv. Die Fezfabrikation war bereits damals eingestellt. Die Gründlers saßen auf gewaltigen Restbeständen, die sich allenfalls noch zur Faschingszeit abstoßen ließen. Und auch da nur in bescheidener Zahl. Das hat er aber erst später durchschaut.

Ihm ist jedoch aufgefallen, dass die Familie nur ungern vor Einbruch der Dämmerung empfing, was, wie er heute weiß, mit dem schlechten Zustand des Hauses zu tun hatte. Ähnlich das Faible für Kerzenlicht, das von den abgewohnten Räumlichkeiten ablenken sollte. Er hat es damals als charmanten Spleen abgetan.

Starke Begehrlichkeiten weckte zudem der Landsitz. Heinrich hat ihn nur auf Fotos zu sehen bekommen, auf denen er einen schlossähnlichen Eindruck machte. Es hätte ihn stutzig machen müssen, dass die Bilder in dem Album offensichtlich alt waren. Mehr noch die zahllosen Ausflüchte, warum man nicht hinfahren konnte.

Es mangelte nicht an Anläufen, doch kam immer etwas dazwischen. Ein *Anruf des Verwalters*, der einen die Straße verlegenden Erdrutsch meldete, ein Sturm, der Teile des Daches abgedeckt hatte, oder eine kurzfristige Unpässlichkeit Isoldes.

Es hat Anzeichen genug gegeben, dass es sich bei den Gründlers um gewesenes Großbürgertum handelte, aber er hat sie verdrängt. Es war auch niemand da, mit dem er sich hätte austauschen können. Mondsperg hatte eine seiner Phasen, grübelte, klärte und rang in seiner Wohnung – und empfing nicht. Und selbst wenn der Alte erreichbar gewesen wäre, wäre es nicht möglich gewesen, mit ihm über ein Thema wie dieses zu reden. Mondsperg konnte die Sinnhaftigkeit zwischenmenschlicher Beziehungen nicht nachvollziehen. Er hätte Doderer zitiert: „Wer sich in Familie begibt, kommt darin um."

Etwa drei Monate vor dem Hochzeitstermin unternahm Heinrich dann noch einen halbherzigen Versuch, aus der Geschichte herauszukommen. Bezeichnenderweise hat er nicht mit Isolde darüber geredet, sondern mit dem Schwiegervater in spe. Der war, als Heinrich nach einigen Schnäpsen tastend das Gespräch auf eine eventuelle Lösung der Verlobung brachte, schlagartig nüchtern geworden. Hatte mit einem Mal ganz kalte

Augen, sprach von *verminderter Heiratsfähigkeit Isoldes* und dass er sich diesen Schritt besser gut überlegen sollte. Es läge ihm fern, ihm zu drohen, auch sei ihm bewusst, dass dem Akt der Verlobung nichts Verbindliches innewohne. Doch würde er sich im Falle eines Rückzuges genötigt sehen, den *Verlöbnisbruch* in allen bürgerlichen und Jagdzeitungen anzuzeigen. Und Heinrich wisse, dass die wahren Verheerungen nicht von Waffen verursacht würden. Danach trank er einen Schnaps und lächelte ein heimtückisches Teppichhändlerlächeln.

Heinrich kann nicht behaupten, auch nur ansatzweise gekämpft zu haben. Er hat lediglich darum gebeten, nichts von dem Gespräch nach außen dringen zu lassen. Was der Gustl seines Wissens auch getan hat.

Eine wirkliche Krise gab es zwei Tage vor der Hochzeit. Thekla schob ihm noch beim Aperitif eine Mappe zu. Darin, erklärte sie, befinde sich der Ehevertrag. Heinrich solle sich nichts denken, derlei sei in ihren Kreisen nichts Ungewöhnliches. Es diene ausschließlich zur Absicherung von Isolde.

Sie habe lange überlegt, ob so etwas wirklich nötig sei. Aber angesichts seiner Vermögensverhältnisse wäre es wohl besser. Er könne ihn getrost unterschreiben, es handle sich um einen ganz normalen Standardvertrag.

„Von einem Notar aufgesetzt", fügte der Gustl hinzu.

Heinrich blickte in ihre Gesichter. Er ertrug den Anblick nicht lange; alle drei hatten ihren Wolfsblick aufgesetzt. Er begann zu lesen, kann sich erinnern, dass ihm schon bei der ersten Seite der kalte Schweiß ausgebrochen ist. Als er fertig war, war selbst das Sakko durchgeschwitzt. Kurz gefasst hatte er bis auf ein mit zehn Prozent bemessenes Taschengeld sein Gehalt an die Familie abzuliefern. Und das 14. Mal im Jahr.

Es hat gedauert, bis er den Kontrakt, der nichts anderes als ein Teufelspakt gewesen ist, unterzeichnet hat. Zuvor haben sie ihn stundenlang bearbeitet, nach allen Regeln der Kunst. Good cop, bad cop, Schnaps, Füßeln unter dem Tisch. Vor allem aber durch Zerredung seiner Proteste und Einwände. Ja, wenn er etwas hätte! Dann bedürfe es so einer leidigen Vereinbarung ja gar nicht. Aber er müsse doch selbst zugeben, dass … Und dann der Versuch mit einem Ring aus Silber, das spräche ja auch nicht gerade für ihn.

Schließlich war er mürbe und unterschrieb. Dass er eine Kopie des Vertrags haben wollte, wurde unverhohlen missbilligend aufgenommen.

Heinrich fühlte sich schlecht, er wollte nur noch weg. Seine Bitte, ihm ein Taxi zu rufen, wurde nicht erfüllt. Wo denke er hin! Das schöne Geld! Und außerdem habe er mit der Einwilligung in den Vertrag hinlänglich bewiesen, dass es ihm ernst sei. Nein, nein, Heinrich sei jetzt quasi ein Mitglied der Familie, man werde ihn *natürlich* hier einquartieren.

Von der Nacht ist ihm erinnerlich, dass er sich schlaflos hin und her wälzte und ungeduldig auf den Anbruch des Tages wartete.

Irgendwann muss er doch eingedämmert sein. Er wurde von Isolde geweckt, die ihm ein Frühstück ans Bett brachte, ihn auf die Stirn küsste und es sich nicht nehmen ließ, ihn mit in Kaffee getauchtem Milchbrot zu füttern, wobei sie Albernheiten von sich gab. Er hatte Kopfschmerzen und wollte nur noch …

„Haben der Herr noch einen Wunsch? Vielleicht noch ein Bier?"

Heinrich wird aus seinen Gedanken gerissen. Er starrt auf seinen Bierdeckel. Sechs Striche. Autofahren sollte er nicht mehr. „Kann ich ein Zimmer haben?", fragt er. Der Wirt nickt ohne große Begeisterung.

Fünfundzwanzigste Wahrnehmung

Der Raum, in dem sich Heinrich nun befindet, ähnelt jenem, in dem er seine Hochzeitsnacht verbracht hat. Eigentlich hätte es Venedig werden sollen, aber so weit war man an diesem Tag nicht gekommen. Die Hochzeit fand an einem Freitag im November statt, an welchem Tag genau weiß er nicht mehr. Er könnte am Ehering nachsehen, den er freilich schon lange nicht mehr trägt.

Ein düsterer Tag jedenfalls, mit einer kurzen, freudlosen standesamtlichen Zeremonie. Die Schwiegereltern, angetan mit abgetragenen, an Gesäß und Rücken schon etwas schillernden Festtagsgewändern, fungierten als Trauzeugen.

Anschließend fuhr man im Konvoi nach Venedig. Gustl, Thekla und der Hund voran, die beiden „Kinder" hinter ihnen. Der Schwiegervater fuhr langsam und mäandernd. In einem kärntnerischen Dorf, schon nahe der italienischen Grenze, machte er ein unmotiviertes Bremsmanöver. Heinrich fuhr hinten auf. Es gab keinen Personenschaden, doch bedachte der Schwiegervater Heinrich mit unschönen Ausdrücken. An eine Weiterfahrt war nicht mehr zu denken.

Man stieg im Gasthof *Zum Auge Gottes* ab, dem ersten Haus am Platz. Das Auge wurde auch als Fleischhauerei geführt, was dem Gustl einiges von seinem Grimm nahm. Nicht so den Damen, die sich wenig später an einer käseüberbackenen Wintergemüsetrostlosigkeit abarbeiteten, während sich die Männer durch Schlachtplatten kämpften und nicht gerade wenig tranken. Am Pissoir machte der schon stark alkoholisierte Schwiegervater Heinrich darauf aufmerksam, dass die Defloration der Tochter – er nahm die Hand vom Penis und führte sie zum Herzen –, für deren Virginität er sich verbürgen könne – er führte die Hand wieder zurück –, ein ziemliches Gemetzel werden könne, falls ihr Hymen so beschaffen sei wie das von Thekla. Nun, das passe ja ganz ausgezeichnet zur Fleischhauerei. Er lachte grunzend, während er seine Stirn an den Fliesen kühlte.

Es kam in dieser Nacht zu keinen Begehrlichkeiten. Das Zimmer war kalt und muffig. Sie hatte ihre Füße, die in rauen Schafwollsocken steckten, an seine Beine gepresst. Er spürte, wie ihre Kälte durch die Socken drang. Ihn schauderte.

Um fünf in der Früh rissen ihn laute Geräusche aus seinen Alpträumen. Sie kamen vom Innenhof, wo ein Schwein geschlachtet wurde. Grauenhaft, wie ausdauernd ein Tier im Todeskampf schreien kann.

Beim Frühstück äußerte Thekla mit einem boshaften Blick auf Heinrich, dass nun auch Isolde den schönsten Tag im Leben einer Frau absolviert habe. Jetzt komme bald die Prüfung durch das wirkliche Leben. Nach der Hochzeitsreise natürlich. Sie wechselte in ein bemühtes

Französisch, fragte, ob die Ehe vollzogen und ob es sehr schlimm gewesen wäre. Der Wirt brach vor Lachen fast zusammen. Er stammte aus dem Elsass. Isolde erklärte, hier nicht bleiben zu wollen. Das werde man auch mit Sicherheit nicht, beruhigte Thekla. Der Schwiegervater meinte, er finde es ganz nett hier und dieses Lagunenloch mit seinen feuchten Kulissen ausgesprochen überschätzt. Seine Meinung interessiere hier aber niemanden, schnappte seine Frau. In ihrer Familie sei es seit Generationen üblich, die Flitterwochen in Venedig zu verbringen. Sobald er mit seinem Leberwurstbrot fertig sei, breche man auf. Heinrich könne schon einmal zahlen und dem Wirten auftragen, beim Mechaniker anzurufen.

Der kam mit der Nachricht zurück, dass die Autos erst am Nachmittag fertig seien. Der Schwiegervater machte keinen Hehl daraus, dass er froh war, die Blutsuppe nicht zu versäumen. Isolde begann zu weinen. Thekla verkündete, sie werde die Sache beschleunigen, der Wirt möge sie mit diesem faulen Individuum verbinden.

Sie machte eine lange Szene, die darin endete, dass der Mechaniker erklärte, es werde sich heute wohl doch nicht mehr ausgehen.

Sie mussten eine weitere Nacht im *Auge Gottes* verbringen.

In Venedig war es nur unwesentlich besser. Die Autoreparaturen hatten ein tiefes Loch in die Reisekasse gerissen. Heinrich fragte den Schwiegervater um Geld. Der bedauerte. Sein ganzes Kapital stecke in der Firma, er besitze keinen Groschen.

Entsprechend schäbig war die Unterkunft. Die Zimmer des Albergo Austria luden nur bedingt dazu ein, eine Ehe zu vollziehen. Letzteres geschah schließlich in der vierten Nacht der Hochzeitsreise. Es war keine schöne Begattung. Zuvor hatte die Mutter hysterisch auf Isolde eingeredet. Was genau, konnte Heinrich nicht verstehen, da er sich mit dem Schwiegervater im Nebenraum befand. Der berichtete im Grappa-Rausch über die Weiber und ihre neurotischen Hemmungen den Vollzug des Beischlafs betreffend.

Bei den Albanerinnen wäre das anders. Doch sei es gefährlich, mit ihnen anzubandeln, weil sie immer mehrere Brüder hätten und albanische Männer vollkommen humorlos seien. Der albanische Humor sei im Gegensatz zum deutschen zu Recht nicht berühmt. Mit Albanerinnen könne man nur im Rahmen der Ehe oder aber im geschützten Bereich eines Bordells geschlechtlich verkehren. Zumindest sei es vor dem Krieg so gewesen. Und jetzt, im Kommunismus, also er persönlich könne sich nicht vorstellen, dass die Humorbegabung unter Enver Hoxha sonderlich zugenommen habe.

Der Tradition war nach dieser Nacht Genüge getan worden. Man fuhr zurück. Frustriert, schweigend, froh, wenn man einen Radioempfang hatte, der die Stille unterbrach.

Zusammenfassend kann man sagen, dass es im körperlichen Bereich auch später nicht besser geworden ist. Immanuel Kant definierte die Ehe als *Vertrag zur Nutzung der gegenseitigen Geschlechtsorgane*. In seinem und Isoldes Fall verhielt es sich wie bei der Mitgliedschaft eines Buchklubs, wo man vertraglich genötigt wird, einmal im Quartal etwas abzunehmen. Und selbst diesen vierteljährlichen Zusammenkünften wohnte ein Element der Qual inne. Wo keine Liebe und keine Leidenschaft, da kein Vergnügen. Eine alte Geschichte.

Und jetzt geht er schlafen. Die Laken sind nicht ganz sauber und fühlen sich klamm an. Wie damals im Albergo Austria. Aber wenigstens werden sich in dieser Nacht keine kalten, mit kratziger Schafwolle bewehrten Füße an ihn pressen.

Sechsundzwanzigste Wahrnehmung

Tags darauf ist Heinrich zeitig zurück und geht auf sein Zimmer, wo er etwas Verwegenes tut – er nimmt seine Krawatte ab, zerknüllt sie und wirft sie auf das Bett. Er verzichtet darauf, sich zu waschen und zu rasieren, nicht einmal das Gewand wechselt er. Würde man ihn nach dem Grund fragen, er wüsste keine Antwort.

Beim Frühstück wird seine Abwesenheit nicht thematisiert. Sie scheint unbemerkt geblieben zu sein, was ihm zu denken gibt.

Ördög erscheint, um zu verkünden, dass er sich verabschieden wolle. Er habe lange genug den Affen und Grüßaugust gemacht und beschlossen, zu kündigen. Etwas Besseres als das hier werde er überall finden. Offiziell seien die Zimmer bis 11 Uhr zu räumen, von ihm aus könnten sie gerne bis zur Abreise benutzt werden.

Bei Schwarzbach wolle er sich entschuldigen, dass er sich im Umgang mit ihm zum Jähzorn hinreißen habe lassen. Das sei nun einmal seine Natur. Er möge als kleine Kompensation mittags bitte essen und trinken, was immer er wolle. Auch für die anderen Herrschaften werde es eine kleine Aufmerksamkeit geben.

Im Seminarraum macht Herma eine einladende Geste. Heinrich setzt sich zu ihr. Schwarzbach ist in gehobener Stimmung. „Heute ist der letzte Tag", sagt er mehrere Male, „bald wird es sich entscheiden." Was genau, bleibt offen. Er habe, eröffnet er dann, sich vorgenommen, heute mit einem erfreulichen Thema zu beginnen. Es gehe um die raren Momente des Triumphs. In denen man gesiegt hat, über sich selbst, über einen anderen, über wen auch immer. In denen man sich wie ein König gefühlt hat. Erhaben. Vielleicht nur einen Augenblick, vielleicht sogar von der Umgebung vollkommen unbemerkt. Das sei nebensächlich. Es drehe sich also um die Schlagworte „Triumph" und „Sieg". Auf allen Ebenen – ausgenommen jener der Liebe. Zu der komme man noch.

Triumph und Sieg. Was für eine Vorgabe. Niederlage und Unterwerfung wären einfacher gewesen. Darüber könnte er aus dem Stand tausend Seiten schreiben. Heinrich schraubt die Füllfeder auf, setzt die Spitze aufs Papier. Nicht der Ansatz einer Idee. Nur ein königsblauer Fleck, der größer und größer wird. Er schraubt die Feder wieder zu, lehnt sich zurück, verschränkt die Arme.

Herma schreibt. Sie hat, ohne auch nur eine Sekunde zu zögern, damit begonnen. Alle haben sie triumphiert. Alle. Nur er nicht.

Schwarzbach versucht, helfend einzugreifen. Manchmal sei es schwierig, sich in der Fülle der Möglichkeiten für etwas zu entscheiden. Auch das könne den Schreibfluss hemmen. Heinrich sieht ihn dankbar an. Er nimmt ein frisches Blatt, auf dem er den Kampf mit der Materie wieder aufnimmt. Ein Ringen, das ihm nach den mitfühlenden Worten des Dozenten mit einem Mal erstaunlich leichtfällt. Denn tatsächlich gab es eine Zeit, in der er so etwas wie ein strahlender, siegender Held gewesen ist. Aber dazu muss er weiter ausholen.

Neben einem Jahresabonnement für eine Opernloge unterhielt Parabellum ein Zimmer in einer Trinkerheilanstalt. Im Gegensatz zur Loge war es selten unbesetzt. Das hatte mit der Firmenkultur zu tun, in der der Konsum von Alkohol ein integraler Bestandteil gewesen ist. Auch der Alte konnte mächtig zechen, war aber weise genug, sich einmal im Jahr einer Entgiftung zu unterziehen. Dann ging es für zwei Wochen zur Kur, oder, wie es im internen Sprachgebrauch hieß, nach *Sparta*. Dort praktizierte ein Arzt, auf den Mondsperg große Stücke hielt. Er war in der Heilanstalt Hohenlychen tätig gewesen und hatte einen hohen Rang bei der SS bekleidet. Heinrich ist ihm in der Schwimmhalle öfter begegnet. In der Dusche sah er einmal seine Blutgruppentätowierung: AB. Heinrich wäre als Spender infrage gekommen.

Die Behandlungsmethoden waren roh. Klistiere, Abführmittel, Leberwickel, auch etwas, das unter der Bezeichnung *Rollkur* firmierte. Dazu stündlich ein Becher unangenehm riechenden Wassers.

Und eben hier, in *Sparta*, geschah das Mirakel des Hauses Függe, das sich folgendermaßen abspielte: Mondsperg, der an diesem Tag ein starkes Laxativ verabreicht bekommen hatte, war im Begriff, zur Toilette zu gehen. Währenddessen kam die Nachricht, dass es einem

Arbeiter gelungen war, eine Handgranate aus einer Fabrikationsstätte zu schmuggeln. Er hatte diese beim Mittagessen unter dem Tisch abgezogen und sich mitsamt Frau, Kind und Schwiegermutter in die Luft gesprengt.

Der Alte schickte Heinrich unverzüglich los. Er müsse der Presse entgegentreten. Der Pressesprecher jage in Afrika, der Fabrikdirektor käme nicht infrage; ein braver Mann, aber für so eine Aufgabe vollkommen ungeeignet. Függe solle sich etwas einfallen lassen.

Was er auf der kaum halbstündigen Fahrt auch tat. Und auch heute, Jahrzehnte später, kann er sagen: An diesem Tag war er brillant gewesen. Eine Sternstunde. Er hat es großartig gemacht. Sich mit dem Bürgermeister abgesprochen. In der Gastwirtschaft eine Pressekonferenz improvisiert. Sie mit einer Gedenkminute für die Opfer eingeleitet. Seiner Bestürzung und Trauer Ausdruck verliehen. Aus dem *Menschlichen Elende* von Gryphius zitiert. Kurz überlegt, ob er sich auf die Knie fallen lassen soll, die Idee aber als zu pathetisch wieder verworfen. All die bohrenden Fragen hinsichtlich etwaiger Sicherheitslücken entkräftet. Behauptet, dass der Mann die Granate unmöglich als Ganzes durch die Sicherheitsschleusen der Fabrik gebracht haben konnte. Dass er die Einzelteile über einen längeren Zeitraum in einer Körperöffnung hinausgebracht und sie außerhalb des Fabrikgeländes zusammengebaut haben müsse. Natürlich werde in der Sache noch eine Untersuchungskommission unabhängiger Experten eingesetzt werden. Was heute geschehen sei, sei entsetzlich gewesen, aber ein Restrisiko gebe es, wo Menschen zusammenkommen, immer. Das sei nun einmal die Natur der Dinge. Oder, wie es Arthur Schnitzler einmal formuliert habe: *Sicherheit ist nirgends. Wer es weiß, ist klug.*

An dieser Stelle, erinnert er sich, waren einige der Journalisten nahe daran, zu applaudieren.

Er hat dann das Wort an den Bürgermeister weitergegeben, der im Nebenerwerb Vertreter für landwirtschaftliche Maschinen gewesen ist. Das Vokabular war entsprechend. Der Bürgermeister hat von der Wichtigkeit Parabellums als größtem Arbeitsgeber der Stadtgemeinde gesprochen. Die vorbildlichen Sozialleistungen der Firma für die Belegschaft gepriesen. Den Betriebskindergarten, die Arbeitersiedlung, die eigene Krankenkasse erwähnt. Eine *von der Wiege bis zur Bahre sich erstrecken tuende* Fürsorge, hat der Bürgermeister gesagt. Die der Firma mit dieser Form der Selbsttötung übel vergolten worden wäre. Es erscheine ihm an dieser Stelle wichtig, anzumerken, dass der Tote ortsfremd gewesen sei, ein Karpatendeutscher oder so etwas. Und die Frau eine Jugoslawin. Menschen mit anderer Sprache und Sitten. Deshalb sein Appell ...

„Bitte aufhören und gegebenenfalls noch einmal durchlesen!", ruft Schwarzbach. Herma ist bereits fertig, sagt, von ihr aus könne es losgehen. Dann trägt sie in klaren, eindringlichen Sätzen die Geschichte ihres Triumphes vor. Der damit anhebt, dass sie sich immer gesagt hat: Aus dem Leben in dieser Ehe werde sie wieder hinauskommen. Mit diesem Mann werde sie nicht alt. Das sei sie sich schuldig. Man habe schließlich eine Würde im Leib. Sie habe gewartet, bis das jüngste der

Kinder in einer Lehrstelle untergebracht und versorgt gewesen ist. Das sei ihr wichtig gewesen; auch bei den anderen neun, also eigentlich seien es sieben, weil zwei früh gestorben wären. Eine Ausbildung, ein Brotberuf, um jede Abhängigkeit von ihrem schrecklichen Vater auszuschließen. Dann sei sie weg. Habe ein paar Kleider zusammengepackt, einen Abschiedszettel auf den Tisch gelegt und den Postautobus in die Bezirkshauptstadt genommen. Und von dort aus weiter bis ins Ausland. Dann sei sie auf das Arbeitsamt gegangen, habe tags darauf bei einer Firma zu putzen begonnen. Wenn einer wirklich arbeiten wolle, finde sich etwas. Natürlich sei sie immer viel früher fertig gewesen, weil die Stadtmenschen nicht wirklich zu arbeiten verstünden. Deshalb werde in den Büros auch so viel Kaffee getrunken und geraucht.

Die vorgegebene Zeit habe sie wegen der Stechuhr aber absitzen müssen. Sie habe sie sich zunächst mit Handarbeiten für die Kinder vertrieben. Dann sei ihr diese Annonce untergekommen. Verkäufer für Zeitungsabonnements gesucht. Sie habe angerufen. Telefone hätte es in der Firma ja reichlich gegeben. Das sei vielleicht nicht ganz redlich gewesen, aber das Leben wäre ja auch nicht immer redlich zu ihr.

Es hat – wie soll sie sagen – funktioniert. Sie habe so eine liebe Art und so einen lieben Dialekt, haben die Leute gesagt. Das könne sie nicht beurteilen, aber verkauft und verdient habe sie gut. Die Zeitung wollte sie sogar anstellen, aber das habe sie nicht interessiert. Und man müsse doch das tun, was einen interessiere, es gäbe ja nur dieses eine Leben. Sie habe also gespart, um die

Ausbildung zur Krankenpflegerin machen zu können. Auch, weil sie lange genug an einem Ort gewesen war und etwas sehen wollte von der Welt. Als Krankenpflegerin könne man ja überall hin. Und wirklich habe sie dann in Deutschland, in der Schweiz, in Südtirol, eine Zeit lang sogar im Elsass gearbeitet. Praktisch überall, wo man Eurovisionssendungen empfangen konnte. Sie habe das Leben nach ihrer Fasson gelebt. Das sei ihr Triumph gewesen; über den Mann, den Vater, die Männerwelt an sich.

Siebenundzwanzigste Wahrnehmung

Danach passiert eine Weile lang nichts. Es scheint, als habe es den beiden Herren die Sprache verschlagen. Schließlich murmelt Schwarzbach, dass man gerade Zeuge von etwas geworden sei, was einem im Leben nicht oft widerfahre. Von etwas Gewaltigem. Dem Bericht über ein geglücktes Leben. Ungeachtet widrigster Umstände. Literarisch gekonnt umgesetzt noch dazu. Nein, hier könne man weiter nichts mehr sagen. Hier könne man lediglich schweigen und sich in Ehrfurcht verneigen. Er verneigt sich. Sein Blick fällt auf Heinrich. Ob Herr Függe noch etwas beizusteuern hätte? Heinrich verneint. In ihm brodelt der Neid.

Der Dozent ist noch nicht fertig: Es wäre ihm eine Ehre, das Vorwort zu schreiben, sagt er. Herma müsse ihm versprechen, dass *er* das Vorwort schreiben dürfe, wenn sie das Buch publiziere. Er und kein anderer. So – und jetzt komme man zu Herrn Függe. Der Satz klingt so, als hätte er einen versteckten Subtext: zum *armen* Herrn Függe. In dessen Haut man nach dem eben Gebotenen nun wirklich nicht stecken möchte. Zumindest vermeint Heinrich dies herauszuhören.

„Ich möchte lieber nicht", sagt er.

Der Dozent hat vollstes Verständnis, versichert, dass er an Herrn Függes Stelle auch nicht wollen würde. Dann geht es übergangslos weiter. Die Ehe habe man bereits behandelt, als Nächstes würde er gerne zur Liebe kommen. Die Liebe sei ein weites Feld, doch gebe er ihnen als strenger Herr lediglich dreißig Minuten Zeit, es zu bestellen. Da die Liebe aber langmütig sei, stocke er auf vierzig auf. Mehr aber nicht.

Diesmal bildet sich auf Heinrichs Papier kein königsblauer Fleck. Die Liebe hat er erfahren, schon bald nach seinem Triumph über den Handgranatenmörder. Es war eine herrliche Zeit. Er ist von der Sonne des Alten beschienen worden und den Gestirnen des Vorstandes. Man wurde nicht müde, ihm zu versichern, dass er durch seinen Auftritt vor der Presse großen Schaden von der Firma abgewandt habe. Dass er das uneingeschränkte Vertrauen der Führung besitze. Mondsperg steckte ihm coram publico die silberne Firmennadel ans Revers. „Pour le mérite", sagte er dabei und klopfte ihm auf die Schulter. Heinrich bekam eine Prämie, die ihm auf seinen Wunsch hin bar ausgezahlt wurde. Er atmete Erfolg.

Inmitten dieser Phase, die zweifelsohne der Höhepunkt seines Lebens gewesen ist, lud Parabellum zur Jagd. Sie fand auf Betreiben des Alten, dem das Atmen schon schwer zu werden begann, erstmals in der Ebene statt. Und ausgerechnet hier, wo es flacher nicht sein konnte, verletzte sich Heinrich beim Sprung aus dem Auto das Bein. „Fangschuss oder Abtransport?", fragte Mondsperg. Gelächter bei der Jagdgesellschaft. Jemand johlte: „Fangschuss!" Der Fahrer brachte ihn zum Hotel.

Er humpelte in sein Zimmer, das sich an Komfort und Luxus sehr von jenen abhob, in denen er bislang untergebracht worden war. Eine Zeit lang ließ er kaltes Wasser über den Knöchel laufen. Danach lag er dösend auf der Chaiselongue, der Schmerz nahm ab, die Langeweile zu.

Das Wetter war herrlich. Heinrich überkam eine lang unterdrückte Begierde, er ging zur Rezeption, fragte, ob man hier irgendwo fischen könne. Der Angestellte erklärte, es gebe einen im Wald verborgenen Weiher, wo der Herr sein Glück versuchen könne. Auch Angeln und andere Gerätschaften, falls der Herr so etwas benötige.

Ein Mitarbeiter fuhr ihn zum Waldrand, machte sich erbötig, die Sachen zum Teich zu tragen. Heinrich lehnte ab. Wann er den Herrn wieder abholen dürfe? Wenn die Jagdgesellschaft zurückkomme. Er solle dreimal hupen. Decke und Angel in der Linken, einen Korb in der Rechten, folgte Heinrich einem schmalen, überwachsenen Pfad. Er war nicht weit. Er fand einen geschützten Platz, der ihm zusagte, breitete seine Decke aus, ließ sich wohlig aufseufzend darauf nieder, entledigte sich seiner Schuhe, begann, alles herzurichten.

„An sich gut, aber jetzt geht es in die falsche Richtung. Zu barock. Da heißt es, achtgeben und streichen, streichen, streichen. Das ist, wie gesagt, die eigentliche Kunst. Und was ist mit dem Fuß? Wieso hinkt er nicht mehr? Er muss doch noch Schmerzen haben. Das ist doch unlogisch!"

Heinrich dreht den Kopf. Schwarzbach, mit dem Finger auf eine Stelle der Niederschrift deutend, redet weiter.

„*Begierde* würde ich in diesem Kontext nicht verwenden. *Begierde* verbindet man mit sexuellen Dingen. Nicht mit der Tätigkeit des Fischens. Es sei denn, die Tiere dienen anderen als kulinarischen Zwecken." Er lacht.

„Sind Sie wahnsinnig?!"

„Wieso? Es ist meine Aufgabe, Sie auf die Schwächen des Textes aufmerksam zu machen."

„Schauen Sie, dass Sie weiterkommen!"

„Du schreibst nicht über Nächstenliebe, oder?", fragt Herma.

Heinrich wechselt zu einem Platz in der letzten Reihe, hört, wie Schwarzbach und Herma miteinander tuscheln. Was für eine blöde Gesellschaft, denkt er.

Er ist in Gedanken erstaunlich schnell wieder dort, wo er sich damals befunden hat. Blickt auf das Wasser, das in der Sonne glitzert, verinnerlicht sich das Gefühl tiefer Zufriedenheit, das ihn damals erfüllte. Er hat zu dem Zeitpunkt keine Ahnung, dass es noch viel besser kommen würde. Heinrich spießt eine Heuschrecke auf den Haken. Sie zappelt. Ein wunderbarer Köder. Er wirft die Angel aus, betrachtet den Schwimmer. Er kann nicht sagen, wie lange er dagesessen hat, die Angel auswerfend, wieder einziehend, auswerfend, wieder einziehend. Er weiß nur, dass er noch nichts gefangen hatte, als er sie sah.

Was in diesem Moment in ihm vorging, lässt sich nur schwer beschreiben. Die Sprache kann sehr unzulänglich sein, wenn es darum geht, elementare Dinge wie die Liebe festzuhalten. Namentlich die deutsche. Coup de foudre trifft es wohl am ehesten. Er hat sie, wie zu vermuten steht, angestarrt. Sie hat ihn angelächelt und leise, gerade noch hörbar gesagt, sie wolle nicht stören. Aber woher denn, hat er gerufen, es sei ohnedies viel zu warm, als dass etwas anbeißen würde. Er würde sich freuen, wenn ... Er hat den Satz nicht zu Ende gebracht.

Dann gab es einen bangen Moment, in dem sie zu zögern schien, aber der währte nicht lange. Als sie sich näherte, hat er instinktiv den Ehering vom Finger gezogen.

Sie hieß Jelena. Er stellte sich ihr unter seinem angestammten Namen vor. Sie war eine sogenannte Besatzungsfrucht, Tochter eines russischen Offiziers. Der Mutter hatte man schwer angekreidet, dass sie aus freien Stücken und ohne Not mit einem Iwan verkehrte. Jelena hatte keine Erinnerung an den Vater, der in Russland verheiratet gewesen war und zurück befohlen wurde, als sie drei war.

Es war von Anfang an eine Vertrautheit da, wie sie ihm zuvor und danach nicht mehr untergekommen ist. Sie haben geredet und geredet über Gott und die Welt, über alles. Lediglich den Umstand, dass er verheiratet ist, hat er ausgeklammert. Sie haben sich geküsst und gestreichelt und Kleidungsstück um Kleidungsstück abgelegt. Während sie sich liebten, vernahm er das Geräusch der sich abspulenden Schnur. Es musste ein großer Fisch gewesen sein, denn geraume Zeit, nachdem ihm die Natur mit unfassbarer Gewalt gekommen war, stellte er fest, dass die Rute im Wasser verschwunden war.

„Time's up, Ladies and Gentlemen!", ruft der Dozent, „bei der Liebe heißt es streng sein, die Liebe höret nimmer auf." Heinrich sieht ihn böse an. Er hätte sich gerne noch länger in seinen Erinnerungen an Jelena gesuhlt.

Der Dozent hat seine Augen auf Herma gerichtet. „Jetzt bin ich gespannt. Der Gatte war es nicht. Wer dann?"

Herma ist kurz angebunden. Er habe Hans geheißen. Eigentlich Jean. Das sei im Elsass gewesen. Ihre Kinder wüssten nichts von ihm, und es gehe auch sonst niemanden etwas an.

Er nehme das mit verständnisvollem Bedauern zur Kenntnis, sagt Schwarzbach. „Herr Függe?"

Heinrich winkt ab.

Er habe so eine Ahnung gehabt, dass man ihn an diesem Mysterium nicht teilnehmen lassen werde, meint der Dozent. Deshalb habe er ihnen zehn Minuten mehr gegeben. Jetzt sei es Punkt 12 und man könne Mittagessen gehen.

Achtundzwanzigste Wahrnehmung

Am Tisch der Schreibseminarteilnehmer steht ein Weinkühler, darin eine Flasche Sekt. Ördögs Abschiedsgruß. Schwarzbach füllt die Gläser, spricht einen Toast auf die Liebe aus. Die Liebe, sagt er, besiege alles. Bedauerlicherweise begegne man ihr nur selten.

Sie stoßen an. Danach widmet er sich mit Eifer dem Studium der Karte.

Heinrich hat keinen Kopf dafür. Er ist gedanklich wieder mit Jelena am Weiher, liegt post coitum auf der Decke, es wird langsam kühl. Sie fragt, ob er noch zu ihr kommen wolle. Was für eine törichte Frage. Er umarmt und küsst sie. Sie ziehen sich an, er lässt das ganze hergeschleppte Zeug zurück. Nicht einmal die Weinflasche nimmt er mit. Er ist ausreichend berauscht. Jelena ist von der anderen Seite zum See gekommen, an einer Erle lehnt ihr Rad. Ein schwarz lackiertes Waffenrad. Sie sagt, dass sie fahren werde, er solle sich auf den Gepäckträger setzen und gut festhalten. Er tut es. Nein, weiter unten. Heinrich nimmt bedauernd die Hände von ihren Brüsten.

Als sie losfährt, sind drei kurz hintereinander erfolgende Huptöne zu vernehmen. Sie sind ihm vollkommen egal. Wichtig ist allein diese mädchenhaft wirkende Frau, mit der er durch die herbstliche Dämmerung fährt. In deren sehr einfachen, ja ärmlichen Behausung er einen Abend und eine Nacht höchster Glückseligkeit verbringen wird. In deren Armen er schließlich einschläft, wobei er als letzte sinnliche Wahrnehmung ihre gut durchbluteten Zehen an seinen Waden spürt.

Er könnte nicht mehr sagen, wann er aufgewacht ist. Jelena war bereits munter, kochte Kaffee, deckte den Frühstückstisch. Sie war nackt. Auf dem Ellbogen aufgestützt erfreute er sich der Schönheit ihres Körpers und der Anmut ihrer Bewegungen. Zeitlebens hat ihm keine Mahlzeit besser gemundet als dieses Marmeladebrot. Ehe er aufbrach, notierte er ihre Adresse, bat sie um ein Foto, versprach, bald wiederzukommen. Er müsse noch einige Dinge regeln.

Das Foto hat er heute noch, es ist ziemlich abgegriffen. Die Dinge hat er nie geregelt. Dem Glück folgte ein Wirklichkeitseinbruch, einer von der schweren Sorte. Eine personifizierte Naturkatastrophe, wenn man so will.

Sie nahm in der Lobby des Hotels ihren Ausgang. Der Rezeptionist sah ihn an wie einen Geist: „Sie leben, Herr Függe, sie leben!"

Heinrich war vollkommen perplex. Der Rezeptionist streckte seine Hand nach ihm aus, ganz so, als wollte er prüfen, dass er es mit einem Menschen aus Fleisch und Blut zu tun habe.

„Warum sollte ich tot sein?", fragte Heinrich.

Der Rezeptionist begann zu erzählen: Wie man, nachdem Herr Függe auf das vereinbarte Hupsignal nicht reagiert habe, Nachschau gehalten habe. Wie man auf den Lagerplatz mit der Decke und den unberührten Picknickkorb gestoßen und zur Schlussfolgerung gekommen sei, dass Herrn Függe ein Leid geschehen sein müsse. Dass ein Anruf bei seiner Frau, den die Schwiegermutter entgegengenommen habe, nichts ergeben habe. Wie der Herr Generaldirektor daraufhin persönlich angeordnet habe, den Teich mit einem Boot abzufahren und das Wasser mit Stangen abzusuchen. Dass man aber nur die Angel gefunden habe. Wie die Jagdgesellschaft die nähere und fernere Umgebung abgesucht habe. Heute in der Früh wäre diese Aufgabe von Soldaten übernommen worden, die der Herr Generaldirektor im Verteidigungsministerium angefordert habe. Die Gegend um den Teich mache den Eindruck eines Manövers. Wenn der Wind günstig stehe, könne man die „Herr Függe!"-Rufe bis zum Hotel hören. Auch würde die Freiwillige Feuerwehr im Verbund mit den Wehren der Nachbargemeinden seit Anbruch der Dämmerung versuchen, das Wasser des Weihers abzupumpen. Ein Unterfangen, das sich als schwierig gestalte, weil ...

Ihm wurde schwarz vor den Augen. „Herr Függe?", rief der Portier. „Herr Függe!" Heinrich wäre in diesem Moment gerne woanders gewesen. Überall sonst, nur nicht hier. Ein Wunsch, der sich wie ein Leitmotiv durch sein Leben zieht. Jemand zupft ihn am Ärmel. „Hans? Hans! Das Fräulein möchte die Bestellung aufnehmen!"

„Sag ihr, sie soll irgendetwas bringen. Irgendetwas, das man essen kann", sagt er. Es klingt barscher als beabsichtigt. Herma bestellt für ihn, Schwarzbach wählt das teuerste Gericht, ein Rumpsteak Strindberg. Dieses ist leider aus. Und während sich der Dozent erneut in das Studium der Karte vertieft, ist Heinrich bereits wieder dort, wo er damals war, in der Lobby des Hotels. Merkt, wie sein Blutdruck absackt und sich alles zu verfinstern beginnt. Dann wird er in die Realität zurückgeschüttelt, buchstäblich, man kann es nicht anders sagen. Es ist Mondsperg, der ihn an den Schultern gepackt hält und rüttelt. Er wirkt zunächst erleichtert, wird aber schnell wütend und fängt an, mit vor Zorn bebender Stimme zu schreien.

Den genauen Wortlaut kann Heinrich nicht wiedergeben, dazu ist er damals zu benommen gewesen, doch hat es mit den Grundproblemen der Erkenntnistheorie zu tun. Dass man niemals seine Hoffnung auf einen Menschen setzen dürfe, weil man in einen Menschen nicht hineinblicken könne und der Mensch – gerade wenn man ihm vertraut – immer enttäusche. Das sei von der Schöpfung offenbar so angelegt.

Es war ein kurzer eruptiver Ausbruch. Dann war Mondsperg wieder ganz ruhig, sagte, Függe solle sich in den Kühlraum begeben und die geschossenen Hasen, Rebhühner und Fasane in den zum Abtransport bestimmten Lkw bringen, in dem auch er die Rückfahrt antreten werde. Das Ganze waidmännisch. Vorher möge er sich in sein Zimmer begeben und sich in den Spiegel sehen. Alles Weitere dann in der Generaldirektion.

Heinrich ging. Vielmehr: Er taumelte. Im Bad betrachtete er seinen Hals, zählte vier Blutergüsse, deren Herkunft offensichtlich nicht wegzudiskutieren war; begann, schwer zu atmen, und musste sich an der Waschmuschel festhalten, um nicht umzufallen. Eine ganze Weile stand er so da, dann klingelte das Telefon.

Er nahm ab, eine kalte Stimme beorderte ihn an einen Ort, an dem sich die Rebhühner, Hasen und Fasane befanden. Selbst als der Anrufer schon aufgelegt hatte, stotterte er noch unzusammenhängende Sinnlosigkeiten in den Hörer. Suchte fieberhaft nach etwas, das er sich um den Hals binden konnte. Fand schließlich ein grünes Taschentuch, mit dem er die Flecken zu drapieren versuchte. Es gelang nicht sehr gut. Dann hetzte er zum Kühlraum, wo er Stück um Stück der Jagdbeute vom Haken nahm und zum Lkw brachte, wo er sie am Gestänge festband. Die Jagdgesellschaft war erfolgreich gewesen, es schien kein Ende zu nehmen.

Die Rückfahrt verbrachte er auf einer Kiste inmitten all der grausigen, hin und her baumelnden Kadaver. Ohne dass man es ihm gesagt hatte, brachte man ihn direkt nach Hause, wo er von der Schwiegermutter mit den Worten „Der auf der Jagd verschollen gegangene Herr, wie ich vermute?" begrüßt wurde.

Unmittelbar darauf stand er vor dem Gericht haltenden Triumvirat. Es hatte Anklänge an die Moskauer Schauprozesse. Die Flecken auf seinem Hals schillerten, es gab nichts zu leugnen. Am Ende war er so mürbe, dass er einen Zusatz zum Ehevertrag unterschrieb. Er sollte ihn in einem Maß an die Familie Gründler binden, das stärker war als alle Liebe der Welt.

Neunundzwanzigste Wahrnehmung

Der Dozent ist glücklich. „Nach dem Grillteller esse ich noch flambierte Eispalatschinken!", verkündet er mit triefendem Mund.

Heinrich geht es schlecht. Seine Suppe kühlt unberührt aus. Er hat keine Lust zu essen, ist in Gedanken schon bei der nächsten, der beruflichen Niederlage, die sich der familiären nahtlos anschloss. Beide waren total.

Als er nach einer schlaflosen Nacht und noch vor Beginn der eigentlichen Dienstzeit die Generaldirektion betrat, wurde er bereits an der Stechuhr abgefangen. Man teilte ihm mit, dass er mit sofortiger Wirkung einem neuen Tätigkeitsbereich zugeteilt worden sei. Er wusste welchem, ohne dass es ausgesprochen werden musste.

Mehr als ein Jahr saß er in der Posteinlaufstelle ab. Ein entsetzlicher Ort. Eine schreckliche Zeit. Er hat sie fast ausschließlich damit zugebracht, über Ausbruchsszenarien nachzudenken. Zeit genug hatte er, die abfallende Arbeit war in einer Stunde erledigt. Er sann und sann, zermarterte sich das Hirn, kam zu keiner Lösung. Letztlich war es der Alte selbst, der ihn wieder zurückbeorderte. An einem dritten November, dem Gedenktag des Heiligen Hubertus. Das Datum war mit Bedacht gewählt.

Mondsperg erwähnte den Vorfall nie mehr, hatte aber immer einen verächtlichen Zug um den Mund, wenn er das Wort an ihn richtete. Es war schwer zu ertragen.

Bald darauf klagte der Alte, er fühle sich heute in besonderem Maße der Vergänglichkeit unterworfen. Er sagte es bald alle Tage. Die Anzeichen des Verfalls mehrten sich. Es war offensichtlich, dass Mondsperg einen Gutteil der verbliebenen Energie darauf verwandte, die Fassade des Löwen aufrechtzuerhalten.

Sie bröckelte rasant. Sein Gang wurde unsicher. Die Atemnot machte ihm zu schaffen. Im Gehen, im Gespräch, im Sitzen, immer öfter musste er innehalten, um Luft zu schöpfen. Mehr und mehr ähnelte er einem angeschossenen Mammut, wenn er die Gänge der Generaldirektion entlangschlurfte.

Sein Zustand wurde aufmerksam beobachtet. Heinrich sondierte die Lage. Es gab Gegenkräfte, die ihm ein Angebot machten. Es war gut. Er hat sich schäbig benommen und die Seiten gewechselt.

Das muss kurz vor dem legendären Auftritt des Alten im Zuge eines geplatzten Waffengeschäfts gewesen sein. An sich war die Sache unter Dach und Fach, als der Alte mit seiner Entourage zur Vertragsunterzeichnung flog. Bukarest oder Belgrad. Irgendetwas mit B. Dort versuchten die Abnehmer, den Preis nachzuverhandeln. Mondsperg sagte einen einzigen Satz: Er verhandle nicht mit Zigeunern. Dann erhob er sich schwerfällig und ging.

Heinrich kann sich erinnern, dass er beim Rückflug Todesängste ausgestanden hat. Wie alle anderen auch. Ausgenommen Mondsperg, der ein stoisches Verhältnis zum Tod hatte.

Die konspirativen Treffen zu seinem Sturz fanden danach in immer kürzeren Abständen statt. Sie waren bemüht, aber sinnlos, da sein Direktorat erst in drei Jahren auslief. Und an sich gingen die Geschäfte ja gut. Mars regierte die Stunde.

Dann kam der Tag, an dem er mit dem Pressespiegel das Arbeitszimmer des Alten betrat und ihn eigentümlich verrenkt am Boden liegen sah. Er hat keinen Arzt gerufen, sondern das Zimmer abgeschlossen und sich sofort in das Büro von Mondspergs Gegenspieler begeben. Der sich in einer Besprechung befand und ihn fragend ansah. Heinrich gab ihm zu verstehen, dass es keine Eile habe. Er hat mit einer Kaltblütigkeit, die ihn rückblickend überrascht und beschämt, abgewartet, bis die Agenden erledigt waren und er mit ihm allein gewesen ist. Man war sich schnell handelseins. Gemeinsam gingen sie zum Büro des Alten zurück. Er lag in unveränderter Position am Boden und röchelte schwach. Sie umstanden ihn wie einen gestreckten Hirschen.

Der Stellvertreter fragte, ob Heinrich wisse, wo sich der Schlüssel zu Mondspergs Safe befinde. Er wusste es, fischte ihn mit einiger Überwindung aus der eingenässten Hose des Alten. Der dabei nochmals ein Auge aufschlug und ihn mit einem Blick bedachte, der ihn zeitlebens verfolgen wird.

Der Stellvertreter bedankte sich, wobei er ihn mit seiner neuen Funktion als Abteilungsleiter adressierte. Judas wäre passender gewesen.

Heinrich würgt.

„Geht's dir nicht gut?", fragt Herma leise. Heinrich starrt auf seinen Teller. Auf der Milchrahmsuppe hat sich eine Haut gebildet. Er ist keiner Antwort fähig.

Unmittelbar darauf erklärt der Dozent, nun beim besten Willen keinen Bissen mehr essen zu können. Nicht einmal ein hauchdünnes Minzplätzchen. Niemand versteht die Anspielung.

Zurück im Seminarraum lässt sich Schwarzbach schwer auf seinen Stuhl fallen.

Der Kurs gehe in einer guten Stunde zu Ende, vieles sei nicht zur Sprache gekommen. Er habe den Eindruck, dass Herma und Herr Függe in ihren Aufzeichnungen erst bei der Lebensmitte angelangt seien. Da die Zeit dränge, wolle er sich auf eine letzte Übung beschränken. Einen Nekrolog, einen Nachruf auf sich selbst. Da ließe sich alles hineinschreiben, was wichtig und noch nicht gesagt worden sei. Außerdem hätte man gleich etwas für das Begräbnis und könnte sicher gehen, dass bei den Trauerfeierlichkeiten nicht lauter Unsinn gesagt werde. Vielleicht sollte man bei dieser Gelegenheit auch jene Dinge notieren, auf die man stolz sei und die man vor der Vergessenheit bewahren möchte. Sie hätten vierzig Minuten Zeit – falls er einnicken sollte, möge man ihn nach Ablauf der Frist bitte ganz ungeniert wecken.

Dreißigste Wahrnehmung

Wie um seinem Stand Ehre zu machen, hat der Dozent noch einige Tasten betätigt, ehe er hinter seinem Klapprechner eingeschlafen ist. Herma füllt mit der Gleichmäßigkeit eines Metronoms Zeile um Zeile. Heinrich weiß nicht, was er noch schreiben soll. Das nicht Gesagte? Das kann er nicht. Er hat den Alten krepieren lassen. Ist Chef der Werbung geworden. In dieser Funktion ersann er einen Slogan, den er noch heute als gut empfindet:

Parabellum – Die Welt ist unser Revier.

Der Slogan wurde nie verwendet, das Werberessort aufgelöst, kurz nachdem der Neue in seiner Funktion als Generaldirektor bestätigt worden war. Heinrichs Herrschaft hatte etwas über hundert Tage gedauert. Wie bei Napoleon. Sein St. Helena hieß Abteilung IX. und lag im Keller, unweit der Schießbahn. Es war das Firmenarchiv, wo er inmitten zahlloser Leitz-Ordner den Rest seines Berufslebens absaß. Es werden an die dreißig Jahre gewesen sein. Dort war er Chef über ein halbes Dutzend anderer Verbannter, von denen ihn kein Einziger als Vorgesetzten anerkannte, hat alle Zeit der Welt gehabt,

Eigentümlichkeiten zu entwickeln und zu pflegen. Er hat aus alter Gewohnheit bis zum letzten Arbeitstag Pressespiegel erstellt und danach in den Leitz-Ordnern gelesen. Zum Teil standen schreckliche Dinge darin. Anfangs hat er sich noch um eine Versetzung bemüht, wenigstens Richtung Elba. Vergebens. Er hat ziemlich schnell resigniert.

Immerhin, so redete er sich ein, sei es immer noch besser als die familiäre Umgebung. – Und das war es auch, zumindest solange man noch Gespräche mit den Kollegen führen konnte. Doch war er der Letzte, der in die Abteilung kam und mit Abstand der Jüngste. Sie sind immer weniger geworden und alle, die gingen, sagten, dass jetzt in der Pension endlich das Leben beginnen werde.

Er hatte schon damals seine Zweifel. Er hat Recht behalten.

Die Zeit, die er allein im Keller verbracht hat, ist hart gewesen. Dreizehn Jahre, wenn er sich nicht täuscht. Heinrich kann sich erinnern, dass sich Rudolf Heß an dem Tag umbrachte, als er seine Alleinherrschaft im Keller antrat. Er konnte den Schritt nachvollziehen.

Es gab mehr als einen Moment, in dem er versucht war, sein Leben gewaltsam zu beenden. Als man ihm vor einigen Monaten das Angebot mit dem Vorruhestand unterbreitete, hat er sofort angenommen.

Das also war sein Leben. An Trostlosigkeit wohl nur noch von Existenzen wie der des Herrn Schwarzbach übertroffen. Der, als Heinrich der Gedanke kommt, im Traum wohlig aufseufzt.

Herma dreht sich zu Heinrich, erklärt, dass sie mit ihrem Leichenzettel fertig sei. Sie hebt einen Bleistiftstummel in die Höhe. Es sei sich genau ausgegangen. Wie es bei ihm stehe?

Er sei auch fertig, murmelt Heinrich, er auch.

Vielmehr: Er habe die Übung nicht gemacht, da sie in seinem Fall vollkommen sinnlos sei. Er habe der Nachwelt nichts mitzuteilen, auch werde an seinem Grab keiner reden.

Das gehöre sich aber schon, dass am Grab etwas gesagt werde, meint Herma. Aber gut, wenn er glaube ... Dann wecke sie jetzt diesen Faulpelz auf. Das sei doch kein Zustand.

In diesem Moment klopft es an der Tür. Herein kommt das Mädchen, das Heinrich beim gestrigen Frühstück so sehr bezaubert hat. Es hat eine Nachricht für den Kursleiter. Herma flüstert, sie solle leise sein, Herr Schwarzbach schlafe, das Essen habe ihn sehr erschöpft. Was denn in der Benachrichtigung stehe?

Das Mädchen reicht ihr den Zettel.

Herma liest, runzelt die Stirn, meint, das Land müsse ja zugrunde gehen, wenn man die Arbeitsscheuen auch noch belohne. Freilich, jetzt, gegen Ende ihres Lebens, rege sie sich über solche Dinge nicht mehr auf. Dann ruft sie: „Aufwachen!"

Der Dozent schreckt hoch. „Was, was?", fragt er schlaftrunken.

„Du hast den Kernstock-Preis gewonnen."

Schwarzbach reibt sich die Augen. Herma möge keine grausamen Scherze treiben. Er habe noch nie einen

Literaturpreis bekommen. Schon gar nicht den Kernstock-Preis. Der gehe immer an steirische Nazis. Kriterien, die er nicht erfülle. Wohl habe er … Der Dozent, mit einem Mal hellwach, vollendet den Satz nicht.

Moment, Moment, sie könne doch gar nicht wissen, dass er sich beworben habe. Ob das am Ende …

Herma nickt.

Schwarzbach springt hoch, jauchzt, jubelt, tanzt unbeholfen durch den Raum. Umarmt Heinrich, drückt Herma einen Kuss auf die Stirn. Dem schönen Mädchen ruft er zu, es möge eine Flasche Sekt bringen, „aber eine gute!" Und drei Gläser, nein vier, sie müsse mittrinken auf diesen so seltenen Gunst- und Gnadenbeweis der Götter.

Herma storniert die Bestellung. Es sei heute schon genug getrunken worden. Schwarzbach protestiert, doch sie sieht ihn auf eine Weise an, dass er nicht weiter darauf besteht. Ja dann, meint er schließlich, dann kommen wir zum Ende. Vielleicht wolle Herr Függe zur Abwechslung den Anfang machen?

Heinrich ist voll Ingrimm. Wenn Schwarzbach nicht eingeschlafen wäre, wüsste er, dass er keinen Nachruf auf sich brauche. Er könne sich ungefähr ausmalen, wie es ablaufen werde, wenn er einmal tot sei. Genauso wie bei seinem Schwiegervater. Man werde versuchen, an seine Goldkronen zu gelangen. Nach Ausstellung des Totenscheins, kaum, dass die Tür hinter dem Arzt ins Schloss gefallen ist, sich seinem Leichnam mit der Zange in der Hand nähern. Probieren, ob sich die Kronen lösen lassen, ohne eine allzu große Schweinerei zu verursachen.

Aber er werde dem einen Riegel vorschieben und nicht zu Hause sterben. Überall sonst, aber nicht dort. Er vermache seinem Leichnam der Anatomie. Es sei besser, von unbedarften Studenten zerstückelt und in ein anonymes Massengrab gelegt zu werden, als in der Gruft dieser Horror-Familie zu landen. Überall hin, nur nicht in diese Historismus-Scheußlichkeit, von der er sich als junger Mensch habe blenden lassen. Die am Anfang seines ganzen Unglücks stand. Wenigstens im Tod wolle er ..., erregt bricht er ab.

„Nicht schlecht", sagt der Dozent. Er verstehe zwar nicht alles, erachte es aber als ausbaufähig. Ein Dokument der Wut und der Enttäuschung, ein Eingeständnis der Niederlage. Die, wie er zu Beginn des Seminars bereits gesagt habe, einen ganz wesentlichen Teil des Lebens ausmache. Je länger er darüber nachdenke, desto besser gefalle ihm das Gesagte. Es sei aufrichtig – wie Literatur eben sein sollte. Herr Függe solle es verschriftlichen, so lange er es noch frisch im Gedächtnis habe.

Wenn er noch eine Empfehlung abgeben dürfe: Das mit den Zahnkronen möge er weglassen. Es sei historisch doch etwas problematisch behaftet. Und unrealistisch – zumindest im familiären Umfeld.

„Wieso?", fragt Herma. Dort, wo sie herkomme, wisse sie von vielen solchen Geschichten. Auch von abgeschnittenen Fingern, um an eingewachsene Ringe zu gelangen.

„Sie haben ja überhaupt keine Ahnung vom Leben!", ruft Heinrich.

Darauf weiß Schwarzbach nichts zu erwidern. Die Stimmung im Raum droht ins Unbehagliche zu kippen.

Herma rettet einmal mehr die Situation. Ihr Totenzettel, sagt sie, bestehe zum größten Teil aus Sätzen, die sie bereits bei der Triumphübung gelesen habe. Dass man sein Leben selbst in die Hand nehmen müsse. Wenn man das mache, tue sich immer irgendwo eine Tür auf, hinter der es weitergehe.

Selten, dass die Lage aussichtslos sei. Wenn, stecke meistens eine Krankheit dahinter. Oder eine Schuld, wie bei ihrem Bruder. Der sei kurz vor Kriegsende aufgetaucht, habe sie angefleht, ihn zu verstecken. Er sei schrecklich anzusehen gewesen, wie vom Teufel gehetzt. In ihrer Kammer hörte sie, wie er die ganze Nacht am Dachboden auf und ab ging. Darauf angesprochen, schlug er die Hände vor das Gesicht und wandte sich ab.

Erst am dritten Tag ist es aus ihm herausgebrochen. Er hat von unfassbaren Dingen erzählt, die er im KZ getan hat. Freiwillig, ohne Not. Nur um schneller befördert zu werden. Sie hat ihm gesagt, dass er mit einer solchen Schuld nicht einfach weitermachen könne. Das sei doch kein Leben mehr. Anfangs wollte er nichts davon wissen. Sie hat ihn schließlich überzeugt. Versprochen, ihm zu helfen. Dies auch getan. Es gehe ja schnell, wenn man sich an die Füße hänge.

Es ist wieder einmal still.

Ja, also, sagt der Dozent nach einer Weile, das sei doch ein schönes Schlusswort zum Kursende. Wo man auf der einen Seite wieder drei Tage näher am Tod stehe. Auf der anderen Seite eine Basis habe, auf der Herma und Herr Függe aufbauen könnten. Jetzt sei es wichtig, dranzubleiben. *Nulla dies sine linea*, kein Tag ohne

Zeile, wie schon Plinius der Jüngere gesagt habe. So und nicht anders entstünden Bücher. Heinrich würde ihn auf Plinius den Älteren korrigiert haben, wenn er zugehört hätte. Er ist in Gedanken aber ganz woanders.

Letzte Wahrnehmung

Es ist ein hastiger Abschied. Den Dozenten drängt es, seinem Umfeld vom Preisgeld zu berichten. Herma möchte den Bus erreichen. Heinrich macht sich erbötig, sie zu fahren. Die ersten Kilometer plaudert Herma über ihren Garten. Ob er auch ein Gärtner sei?

Nein, sagt Heinrich.

Es habe eben ein jeder andere Leidenschaften, meint Herma.

Er nicht, sagt Heinrich. Er habe keine Leidenschaften. Nicht mehr. Betroffenes Schweigen, in das Heinrich die Frage stellt, ob sie ihm sagen würde, was dem Suizid des Bruders vorangegangen wäre.

Das könne sie schon tun. Er habe bei Menschenversuchen mitgemacht. Häftlinge mit vergifteter Munition angeschossen und zugesehen, wie sie elend krepiert seien. Er hätte das nicht wiedergutmachen können. Nicht in Hunderten von Jahren.

Heinrich schluckt. Er weiß, wer die Munition entwickelt hat. Einige Kilometer weiter bittet er sie, das Handschuhfach zu öffnen.

„Eine Pistole", sagt Herma. Es klingt nicht sonderlich überrascht.

Ob sie ihm helfen würde, fragt er leise, so wie dem Bruder. Am besten am Ufer eines Sees.

Nein, sagt sie, das müsse er schon selbst tun. Mit einer Pistole gehe es ja leicht. Kein Vergleich zum Erhängen.

Heinrich kämpft mit den Tränen. Er wolle nicht nach Hause. Er ertrage die Gegenwart seiner Frau und seiner Schwiegermutter nicht mehr. Er habe keine Wahl.

„Unfug!", protestiert Herma, man habe immer eine Wahl. Wenn Heinrich wolle, könne er zu ihr, sie habe Platz genug. Auch Arbeit. Bald kämen die ersten Fröste, die Oleander gehören hinein, das Laub entfernt, die Rosen gedüngt, der ganze Garten winterfest gemacht. Sie werde ihn schon beschäftigt halten, bis er auf andere Gedanken käme. Da brauche er keine Sorge haben. Wenn er mitkommen wolle, solle er sich rechts halten, da vorne, bei der Abzweigung.

Heinrich drückt den Blinkerhebel nach oben.

„Wollen wir vorher nach Mainau?"

„Nach Mainau? Für Mainau würde ich alles tun."

„Ich weiß."